SINO-WISDOM
信睿企管·传播经营智慧

EXCELLENT PERFORMANCE METHOD

高绩效工作法

如何制定衡量企业经营的绩效指标

水藏玺　吴平新◎著

中国纺织出版社

国家一级出版社
全国百佳图书出版单位

内 容 提 要

企业经营的目的不只是赚钱，更重要的是要让企业更加值钱。那么如何衡量企业经营业绩呢？是经营结果、高效运营、尽职尽责，还是又红（态度）又专（能力）的员工队伍？本书从KPIs（基于战略的KPI）、KPIp（基于流程的KPI）、KPIo（基于职能的KPI）、KCIs（基于能力的KCI）、KCIa（基于态度的KCI）等几个维度系统阐述如何制定衡量企业经营的绩效指标体系，帮助企业提升经营能力，让企业不仅赚钱，还更值钱。

图书在版编目（CIP）数据

高绩效工作法：如何制定衡量企业经营的绩效指标／水藏玺，吴平新著. —北京：中国纺织出版社，2019.2

ISBN 978-7-5180-5368-1

Ⅰ.①高… Ⅱ.①水… ②吴… Ⅲ.①企业经营管理 Ⅳ.① F272.3

中国版本图书馆 CIP 数据核字（2018）第 205826 号

策划编辑：向连英　　　特约编辑：李　勤
责任校对：武风余　　　责任印制：储志伟

中国纺织出版社出版发行
地址：北京市朝阳区百子湾东里 A407 号楼　邮政编码：100124
销售电话：010 — 67004422　传真：010 — 87155801
http://www.c-textilep.com
E-mail: faxing@c-textilep.com
中国纺织出版社天猫旗舰店
官方微博 http://weibo.com/2119887771
三河市宏盛印务有限公司印刷　各地新华书店经销
2019 年 2 月第 1 版第 1 次印刷
开本：710×1000 1/16　印张：15
字数：193 千字　定价：45.00 元

　　早在 2005 年，笔者曾经出版过一本叫做《绩效指标词典》的书，在那本书中创造性地提出了绩效指标词典这一概念。

　　《绩效指标词典》为当时中国企业推进目标绩效管理体系建设起到了很大的帮助。因为当时很多中国企业刚开始接触战略地图、平衡计分卡、KPI、KRA、MBO（Management By Objectives）等西方先进的绩效管理理念和工具，而这些理念和工具与当时在中国企业内部运用多年的德能勤绩廉考核法、工作标准考核法、工作计划考核法、工作任务考核法、360 度评价法、180 度评价法等方法在具体操作上存在巨大差异，在理念上也存在很多冲突。过去中国企业过多强调对人的评价，同时也更多地关注于过程管理，有很多企业主张"没有功劳，还有苦劳；没有苦劳，还有疲劳"的评价理念。这些考核方式很多时候忽略了对经营结果的衡量评价，更无法与企业的中长期发展战略与年度经营计划建立联系，因此当中国企业接触到罗伯特·卡普兰、戴维·诺顿发表的文章《平衡计分卡——业绩衡量与驱动的新方法》和专著《平衡计分卡：化战略为行动》《战略中心型组织》《组织协同》的时候，大家认为罗伯特·卡普兰、戴维·诺顿提出的这些绩效管理理念和工具对规范企业管理、提升绩效管理能力至关重要。可以这么说，罗伯特·卡普兰、戴维·诺顿提供的管理工具和方法对中国企业规范绩效管理具有了划时代的意义。

因为，罗伯特·卡普兰、戴维·诺顿将绩效管理上升到了企业战略层面，使之成为企业战略实施与评价的工具，也因此战略地图、平衡计分卡自问世之日起便打动了众多中国企业管理者的心，中国企业纷纷效仿，在内部全面导入基于战略地图和平衡计分卡的目标绩效管理体系。战略地图和平衡计分卡是一个全方位的架构，它将企业的策略转换成一套前后连贯、具有层层支撑关系的绩效衡量，而且重视 4 个不同的层面（财务层面、客户层面、内部流程层面、学习与成长层面）对于战略执行的影响。它弥补了传统企业绩效管理制度只重视财务结果或者只强调人的因素、更关注过程等的不足，平衡了股东及顾客的需求，也平衡了过去结果及未来可能性，还平衡了员工能力与企业财务目标实现之间的关系。

笔者的拙作《绩效指标词典》正是在这样的大背景下，为中国企业提供了如何从战略到绩效指标建立的全过程。在书中，笔者提出企业建立绩效指标词典的核心步骤为：建立战略地图、分解战略目标、指标定义与性质分析、指标识别和规划、绩效指标词典应用与维护。

很显然，当时认为的绩效指标词典是完全根据战略地图及平衡计分卡建立的过程进行的，但随着近年来流程中心型组织、无边界组织、组织扁平化、组织柔性化、阿米巴、基于能力的人力管理体系、人力资本概念、OKR（Objectives and Key Results）等概念的提出与实践，我们发现，企业的经营已不能单独追求经营结果，还需要关注组织协同与流程效率，同时更需要关注对员工能力的培养与态度的引导。

时至今日，企业对经营的认知已经不只是简单地追求赚钱那么简单了，更多的企业认为值钱的企业才是真正健康、有未来的企业。正因为企业经营理念的巨大变化，衡量企业经营的指标体系也需要随之调整和优化，因此我们认为有必要对《绩效指标词典》（2005 年版）进行一次全面的升级与优化。

本书除了系统介绍基于战略的绩效指标 KPIs（Key Performance Indicators of Strategy）之外，还为读者介绍了基于流程的绩效指标 KPIp（Key Performance Indicators of Process）、基于职能的绩效指标 KPIo（Key Performance Indicators of Organization）、基于能力的素质指标 KCIs（Key Competency Indicators of Skill）、基于态度的素质指标 KCIa（Key Competency Indicators of Attitude）的识别、定义与应用，期望本书能够为中国企业规范和优化目标绩效管理体系，提升经营能力有所帮助。

另外，为了让读者能够全面理解企业常用 KPI、KCI，并能够快速查询与应用，本书一共整理了常用的 KPIs 30 项、KPIp 30 项、KPIo 28 项、常用定性 KPI 28 项、KCIs 32 项、KCIa 15 项。

在本书出版之际，非常感谢自 2003 年从事顾问职业以来，笔者曾经提供过咨询服务的近 400 家企业以及提供过培训服务的近 1200 家企业。正如《礼记·学记》所言："是故，学然后知不足，教然后知困。知不足，然后能自反也；知困，然后能自强也。故曰：教学相长也。"在帮助这些企业建立目标绩效管理体系的过程中，笔者个人对企业绩效管理的认知也越来越深刻。

笔者还要感谢信睿咨询的全体顾问团队，大家在帮助客户持续提升经营业绩的同时，对衡量企业经营的绩效指标建设方法论不断地寻求突破和创新，使绩效指标更加贴近企业经营实际，同时也更加能够帮助企业规范目标绩效管理，提升经营业绩，在此表示深深的谢意。

另外，还要感谢中国纺织出版社的向连英女士，她是笔者多年来一直合作的责任编辑，她的睿智、认真以及对工作的一丝不苟，为每本书的出版付出了很多心血，在此一并表示感谢。

最后笔者还要感谢我的家人，由于工作原因，长期频繁出差在所难免，很少有时间好好陪在家人身边，谢谢家人的无私奉献和默默付出。家人的关心和鼓励是我最大的财富，每一本书都是一份感谢，没有家人的支持，让我独自完成这些工作几乎是无法想象的。

水藏玺

2018 年 6 月于深圳前海

目 录

第一章　重新认识经营

一、第三代企业经营理念 / 003

二、企业经营系统 / 005

三、如何制定衡量企业经营的绩效指标 / 008

第二章　绩效指标概述

一、关于绩效的几个基本概念 / 011

（一）什么是绩效 / 011

（二）为什么要谈绩效 / 013

（三）什么是目标绩效管理 / 015

（四）目标绩效管理有何功能 / 015

二、绩效管理体系的构成 / 016

（一）绩效管理架构 / 017

（二）绩效指标体系 / 018

（三）绩效管理手册 / 020

（四）绩效支撑体系 / 030

三、绩效管理五步法 / 031

（一）建立战略地图与平衡计分卡 / 031

（二）编制绩效指标词典 / 032

（三）绩效计划与绩效辅导 / 032

（四）绩效评价与考核 / 032

（五）绩效激励与结果应用 / 032

四、什么是绩效指标 / 033

五、绩效指标类型 / 034

六、如何提取指标 / 035

（一）KPIs 提取 / 036

（二）KPIp 提取 / 040

（三）KPIo 提取 / 041

（四）KCI 提取 / 042

七、绩效指标词典 / 043

第三章　战略绩效指标建立五步法

一、从发展战略到年度经营计划 / 047

（一）愿景描述：确定梦想 / 048

（二）战略分析：认清环境 / 050

（三）战略定位：寻找目标 / 051

（四）竞争战略：锁定目标 / 053

（五）职能战略：分解目标 / 054

（六）年度经营计划：实现梦想 / 056

二、绘制战略地图 / 057

（一）战略地图的基本构成 / 057

（二）如何绘制战略地图 / 059

三、平衡计分卡与绩效指标识别 / 062

四、战略绩效指标责任分解 / 064

五、战略绩效指标定义 / 067

（一）常用的 KPIs / 067

（二）为什么要进行 KPI 定义 / 068

（三）如何进行 KPIs 定义 / 069

第四章　流程绩效指标建立四步法

一、业务蓝图及业务流程规划 / 075

（一）如何绘制业务蓝图 / 075

（二）核心业务逻辑分析 / 078

（三）核心业务流程规划 / 085

二、业务流程优化与再造 / 089

（一）业务流程现状描述 / 089

（二）业务流程问题分析 / 093

（三）业务流程优化与再造 / 096

三、流程绩效指标识别 / 104

四、流程绩效指标定义 / 106

第五章　职能绩效指标建立四步法

一、业务蓝图与公司职能分解 / 111

二、部门三级职能描述 / 116

三、职能绩效指标识别 / 122

四、职能绩效指标定义 / 124

第六章　素质指标建立三步法

一、企业能力素质模型规划 / 129

（一）能力素质模型 / 129

（二）企业能力素质模型规划 / 130

二、任职资格矩阵规划 / 135

（一）任职资格构成 / 135

（二）任职资格通道设计 / 136

（三）专业 / 技术职位族职级发展通道 / 137

（四）管理职位族职级发展通道 / 139

（五）任职资格矩阵规划 / 139

三、素质指标定义 / 141

第七章　绩效指标应用与维护

一、绩效指标应用 / 147

二、绩效指标维护 / 158

第八章　常用绩效指标

一、常用 KPI / 161

（一）市场营销类常用 KPI（见表 8-1）/ 161

（二）产品研发类常用 KPI（见表 8-14～表 8-18）/ 166

（三）集成供应链类常用 KPI（见表 8-19）/ 168

（四）财务类常用 KPI（见表 8-50～表 8-65）/ 180

（五）人力资源类常用 KPI（见表 8-66～表 8-77）/ 186

（六）综合管理类常用 KPI（见表 8-78）/ 191

（七）常用定性 KPI（见表 8-95～表 8-122）/ 198

二、常用 KCI / 216

（一）常用 KCIs（见表 8-123）/ 216

（二）常用 KCIa（见表 8-124）/ 224

附　录 / 228

第一章

重新认识经营

一、第三代企业经营理念

企业经营为何？无可厚非，一个很重要的原因就是为了赚钱，因为企业就是以赚钱为目的的组织。那么除了赚钱，企业还有其他的追求吗？企业是如何实现赚钱的？在我们看来，过去朴素地认为企业经营就是为了赚钱的经营思路需要与时俱进。

国内著名管理学者陈春花教授认为，构成经营的基本元素为顾客价值、有竞争力的合理成本、有效的规模、深具人性关怀的盈利。其中顾客价值是企业存在的前提，如何理解客户价值就决定了企业的战略方向。有效的规模并不代表着企业的规模越大越好，要尽量避免被"规模可以带来领导者地位和市场权力""规模自然会带来更高的回报""规模经济起作用"等规模魅力所误导。同时，陈春花教授认为有竞争力的合理成本并不代表廉价劳动力，而是产品与服务在持续符合客户期望的前提之下，杜绝一切浪费，简化、简化、再简化管理体系。最终陈春花教授提出了对企业盈利的观点，那就是深具人性关怀的盈利。企业必须从利润、顾客、成长、人员、管理、公民身份等维度充分体现自己的核心价值理念。

根据我们的实践，我们把企业经营划分为 3 个不同的阶段，分别为"赚钱 = 收入 – 支出"；"赚钱 =（收入 – 支出）× 效率"；"值钱 =（收入 – 支出）× 效率 × 市盈率"。

1. 赚钱 = 收入 – 支出

这是对企业经营最朴素的认知，很多人认为做企业的唯一目的就是赚钱，赚钱的多少取决于企业能否开源与节流。

正是基于这种认知，我们认为企业实现赚钱的途径有以下 5 种。

（1）收入增加，支出不变。

（2）收入增加，支出减少。

（3）收入大幅增加，支出小幅增加。

（4）收入不变，支出减少。

（5）收入小幅减少，支出大幅减少。

在这种经营思路的指引下，为了追求利润最大化，各个企业八仙过海，各显神通。为了追求收入增长，企业不惜一切代价去打广告、搞促销、开发新产品、开拓新市场、进入新业务领域、增加投资……同时，为了减少支出，企业又想办法强制供应商降低原材料成本、压缩研发投入、降低费用预算、控制人工成本……总而言之，在传统的企业经营理念中，企业想要赚钱，别无他法。但现实的状况是，受经济增长的趋缓、国家对环保的要求越来越高、企业竞争不断加剧、原材料价格持续走高、人工成本逐年上升、产品迭代周期越来越短等大环境的影响，最终导致的结果是企业收入无法增加，但同时支出却在持续上涨，企业经营进入了一种恶性循环。

根据第一代企业经营理念，衡量企业经营的主要绩效指标包括：销售总收入、新产品销售收入、新市场销售收入、老产品销售增长、老市场销售增长、营业外收入、原材料成本下降率、管理费用预算控制、销售费用预算控制、人工成本控制等。很显然这些绩效指标要么衡量开源，要么衡量节流。

2. 赚钱 =（收入 – 支出）× 效率

其实，在"赚钱 = 收入 – 支出"中，企业缺少了对一个非常重要变量的考量，那就是企业运营效率。

大家试想一下，假设两家公司同样实现 1 个亿的收入，A 企业投入了 9000 万元，而 B 企业投入了 8500 万元，很明显 B 企业的效率要比 A 企业高；同理，A 企业实现 1 个亿的收入花了 12 个月的时间，而 B 企业实现同样的收入只花了 10 个月的时间，同样 B 企业的效率要比 A 企业高；另外，假设 A 企业实现 1 个亿收入的背后是总资产周转率为 2 次，这就意味着 A 企业的总资产投入为 5000 万元；而 B 企业实现 1 个亿收入的背后是总资产周转率为 4 次，这就意味着 B 企业仅需投入 2500 万元的总资产就可以了，很明显，B 企业的效率要远远高于 A 企业的效率。

大家发现了没有，只要在经营的过程中加入"效率"这个变量，企业的经营就变得非常有意思：同样的收入，谁的投入更少谁的效率就高；谁用的时间更少谁的效率就高；谁的总资产周转率更高谁的效率就高……总而言之，企业必须通过持续提升运营效率让自己赚到更多的钱。

在第二代企业经营理念的指引下，衡量企业经营的绩效指标除了收入、支出相关指标之外，还有客户订单准时交付率、订单交付周期、总资产周转率、流动资金周转率、应收账款周转率、流动比率、速动比率、人均产值、人均利润等。

3.值钱 =（收入 – 支出）× 效率 × 市盈率

有人说过，现在的企业只有两种，即上市企业、非上市企业。而非上市企业又分为两类：一类是通过自己的努力未来实现上市；另一类是把自己的经营做好，未来被上市企业兼并或收购。不管是哪类企业，我们认为都需要思考如何提升自身的市盈率，让自己变得更加值钱。

因此，正确的企业经营理念应该是，不但要提升企业的赚钱能力，而且要思考如何提升企业的市盈率。

同样，在第三代企业经营理念的指引下，衡量企业经营的绩效指标又发生了变化，主营业务利润率、净资产收益率、总资产报酬率等指标就显得非常重要了。

可见，在不同的企业经营理念的指引下，衡量企业经营的绩效指标都会发生巨大的改变，指标选择恰当，将会帮助企业实现经营预期；相反，指标选择错误，就会误导企业的经营决策。

二、企业经营系统

正是基于第三代企业经营理念，我们把现代企业经营系统归结为 5 个方面：即企业市值系统、企业梦想系统、企业流程系统、企业人资系统、企业信息系统。图 1-1 为信睿 SMART-EOS 企业经营系统[1]。

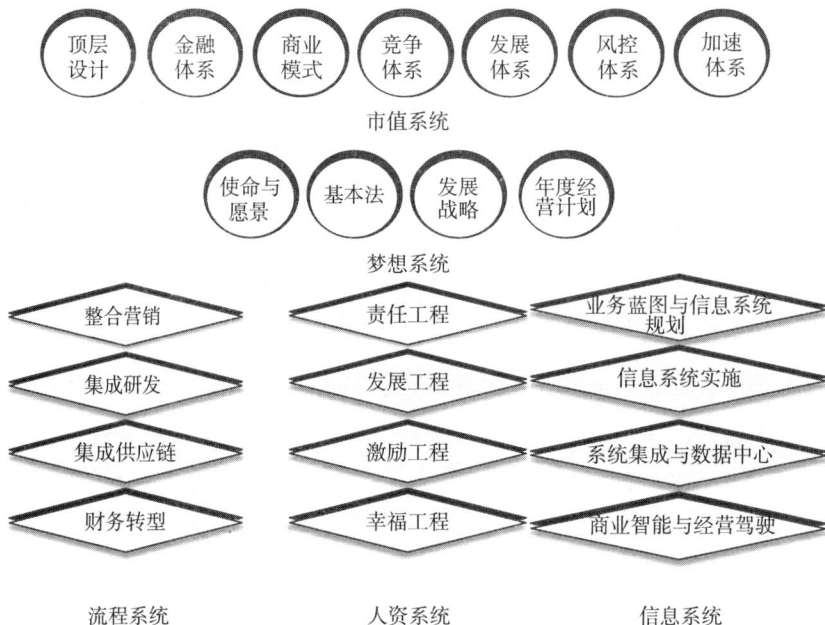

图 1-1　信睿 SMART-EOS 企业经营系统

如图 1-1，我们认为，影响企业经营结果的因素共 5 大系统 23 个子项，具体内容如下（表 1-1）。

表 1-1　信睿 SMART-EOS 企业经营系统构成要素

5 大系统	二级维度	构成要素
市值系统	顶层设计	公司业务规划、公司性质规划、运作模式规划、股权结果规划、公司章程、治理结构、议事规则
	金融体系	资本来源、证券金融体系、银行金融体系、公司债券体系
	商业模式	商业模式画布、商业模式创新
	竞争体系	竞争态势分析、竞争模式选择
	发展体系	发展路径、产业选择、价值链延伸
	风控体系	运营风险、廉洁风险、授权风险、财务风险、金融风险、新技术风险、人力资源风险、政策风险、法律风险、自然灾害
	加速体系	增长模型、增长速度

[1]　SMART-EOS 企业经营系统由深圳信睿咨询提出。

续表

5大系统	二级维度	构成要素
梦想系统	使命与愿景	企业使命、愿景
	基本法	核心价值观、发展战略及经营计划理念、市场营销与客户服务理念、产品研发理念、集成供应链理念、财务管理理念、人力资本管理理念、组织与流程理念、创新与变革理念
	发展战略	战略目标、业务战略（含产业战略、产品战略、客户战略、市场战略）、职能战略（市场营销职能战略、产品研发职能战略、供应链职能战略、财务投资职能战略、人力资源职能战略）、核心能力规划
	年度经营计划	年度经营环境分析（外部经营环境、内部经营环境）、年度竞争态势分析、年度竞争策略规划、年度战略地图、年度BSC及目标分解、年度业务计划、年度经营预算、年度经营计划实施平台、年度经营计划实施评价与衡量
流程系统	整合营销	品牌定位、品牌宣传、媒介管理、市场研究、市场推广、市场物料、促销、渠道政策、产品定价、客户开发、销售订单开发、销售合同评审、订单交付、货款管理、客户服务、客户关系管理、客户档案管理、满意度管理、客户投诉受理
	集成研发	产品市场研究、市场需求管理、客户定位、产品线规划、产品定义、立项管理、产品开发、开发验证、上市管理、产品迭代与升级、产品生命周期管理
	集成供应链	供应商开发与评估、合格供应商管理、PMC、物料采购、作业计划、制程管理、仓储与物流、品质管控、设备管理、工艺工程
	财务转型	预算制定与实施、资金管理、资产管理、融资管理、投资管理、会计核算、成本控制、费用管理、财务分析、税务管理
人资系统	责任工程	公司一级结构、部门二级结构、部门使命与职能、定岗定编、岗位说明书、工作标准、职权与分权
	发展工程	岗位任职资格、职位横向与纵向发展路径、职业生涯规划、员工培训教育、优才计划、人才梯队规划与建设
	激励工程	物质激励、精神激励、短期激励、中期激励、长期激励、工资激励、福利激励、奖金激励
	幸福工程	组织氛围、企业文化、员工士气、员工满意度、员工敬业度
信息系统	业务蓝图与信息系统规划	业务蓝图绘制、基于业务蓝图进行信息系统需求识别、信息系统规划
	信息系统实施	信息系统选型与论证、信息系统实施规划、信息系统开发、信息系统实施与上线、信息系统优化与升级
	系统集成与数据中心	信息系统集成需求识别、信息系统集成与数据呈现、数据中心规划与构建
	商业智能与经营驾驶舱	关键经营数据识别、商业智能规划、经营驾驶舱规划与维护、经营驾驶舱数据运用

结合前面提到的第三代企业经营理念，在信睿 SMART-EOS 企业经营系统中企业通过市值系统提升市盈率，通过梦想系统、流程系统、人资系统、信息系统在实现开源与节流的同时提升运营效率。

三、如何制定衡量企业经营的绩效指标

既然已经重新认识了企业经营的本质，那么再回过头来看看要想提升企业经营业绩，究竟该如何规划和识别相应的衡量指标呢？

因为指标是旗帜，指标是灯塔，指标是路标，一旦指标选择错误，那就意味着企业经营的方向会偏移，企业的投入产出比会下降，运营效率、市盈率也会受到影响，最终获得的是低效的经营业绩，甚至导致企业经营的失败。

在我们看来，衡量企业经营的绩效指标既要有基于战略的 KPIs（Key Performance Indicators of Strategy），也要有基于流程的 KPIp（Key Performance Indicators of Process），还要有基于职能的 KPIo（Key Performance Indicators of Organization），同时也不能缺少基于能力的 KCIs（Key Competency Indicators of Skill）以及基于态度的 KCIa（Key Competency Indicators of Attitude）。

在本书中，我们将全面系统地告诉读者如何识别、定义各类 KPIs、KPIp、KPIo、KCIs、KCIa，并结合企业不同发展阶段及不同年度经营策略选取合适的绩效指标，指引全体员工团结一心，持续提升企业经营业绩。

第二章

绩效指标概述

一、关于绩效的几个基本概念

（一）什么是绩效

绩效就是一切我们想要的东西，也可以理解为绩效就是结果，但如果某些因素对于其他因素而言，对结果有明显、直接的影响时，绩效的意义就可以与这些因素等同起来了。从这个意义上来讲，绩效首先是结果，当其他因素对结果的影响相对不变，改变特定因素能促进产生良好的结果时，控制这些因素就等于控制了绩效。

比如说，对于政府而言，想要的结果就是国家安宁、人民幸福；对于家庭而言，想要的结果就是家和、健康；对于企业而言，想要的结果一定是可持续、稳健经营，并保证企业中长期战略目标顺利达成。但为了保证经营目标达成，企业需要对年度利润目标达成率、销售收入目标达成率、净资产收益率、总资产收益率、人均利润、人均产值、企业市值等与战略直接相关的绩效指标；客户满意度、订单准时交付、产品品质控制、产品成本控制等与流程相关的绩效指标；以及研发项目计划达成率、生产计划达成率、采购计划达成率、工艺纪律有效执行率、万元产值售后费用、千台维修次数、原材料品质不良率、员工适岗率、员工培训计划达成率等与部门职能相关的绩效指标；甚至员工技能（如执行能力、沟通能力、组织协调能力、领导能力、关键建立能力、谈判能力、解决问题能力、口头表达能力、书面表达能力等）、员工工作态度（如诚信、责任心、主动性、客户导向、结果导向、目标导向、大局意识、战略意识、流程意识、安全意识等）等能力素质指标进行衡量与评价，因为这些因素都会影响最终经营目标能否顺利达成。

可以这么说，战略绩效指标的达成是企业想要的最终结果，但流程绩效指标、职能绩效指标、素质指标对战略绩效指标的达成都有着千丝万缕的影响。战略绩效指标的达成往往是企业想要达到的最终结果，但这些最终结果需要很长时间的努力才能达成。如何有效衡量和控制好过程，保证最终结果的顺利达成，这是企业绩效管理需要关注的关键点。

对于企业，我们经常讲的绩效包含 3 个方面的内容，即企业绩效、部门绩效和员工绩效。

一般来讲，影响绩效的因素不同，其具体表现形式也就有了差异。

（1）个人品行。如员工个体的价值观、人生观、主动性、诚信、责任心、客户导向、大局意识等。

（2）个人能力。如员工个体的执行力、问题解决能力、项目管理能力、书面表达能力、沟通能力、计划能力、领导能力、组织协调能力、创新能力、应对变化能力等。

（3）行为过程。如按规则制度办事、员工违纪状况、行为标准、工作规范、工作标准、岗位标准操作程序等。

（4）管理机制。如正激励、负激励、问责机制、奖惩细则、物质激励、非物质激励、短期激励政策、中期激励策略、长期激励策略等。

（5）时间。如工作效率、按规定时间完成、关键里程碑、开始时间（最早开始时间、最迟开始时间）、完成时间（最早完成时间、最迟完成时间）等。

（6）质量。如质量合格率、美感度、灵敏度、可靠性、返修率、千台维修次数、万元产值售后费用等。

（7）成本。如单位成本、费用控制、人均工资等。

（8）效率。人均产值、人均利润、订单准时交付、新品开发计划达成率等。

（9）方向。如路线、方针、政策、企业发展战略、年度经营计划、目标等。

（10）指令。如制定目标和计划、工作方法、工作手段、过程检查、结果评价、会议纪要、内部联络单等。

（11）工作环境。如6S、环境舒适度、环境美观度、工作环境人性化、工作环境个性化等。

（二）为什么要谈绩效

日常，我们经常会谈到关于绩效的问题，我们把企业谈绩效的主要目的归结为以下9个方面。

（1）适时、客观地评价员工或部门、公司的业绩状况。通过前面对绩效概念的介绍，我们知道，绩效首先是结果，那么我们通常谈到绩效最多的就应该是如何更好、更有效、更经济地通过组织各种资源、实施各种策略，最终达成预期的结果。但结果究竟如何呢？就需要不断地对其进行评价，进而反映工作者本身的工作业绩。

（2）及时肯定成绩。一般来说，企业进行绩效管理的时候，都会根据每个阶段公司、部门、员工的实际表现，及时对其取得的成绩进行肯定，同时对需要改进的地方提出整改建议，制定改善计划。

（3）及时纠正绩效管理中发现的问题。企业当中成百上千的员工就像是一台复杂机器的各种零件，要想使这台机器正常运转，就需要企业中的各个部门、所有员工步调一致，按照既定的程序进行工作。如果某个部门或者某位员工脱离了既定的运行轨道，将会直接导致企业这台机器无法正常运转。其实，企业进行绩效管理的目的也就在于通过不断地目标修正、过程监督、结果考核和适时激励，使员工的目标和企业目标保持一致，一且员工出现有违背企业目标的行为，绩效管理系统就会自动提醒员工回到企业发展的正常轨道上来。

（4）落实责权利。人力资源管理的三个核心就是需要解决责任机制、激励机制和分配机制问题，也就是我们通常所说的责权利的问题。企业责权利问题解决得好与坏将直接影响到员工的士气和工作积极性，那么如何评价这一问题解决得好与坏呢？其实，一个优秀的绩效管理体系就可以完全解决这一问题。

（5）激励员工。在绩效管理过程中，需要通过不断地评价员工绩效状况，同时根据绩效结果对员工进行有效的正激励和适度的负激励，使员工不断得到刺激，从而激发工作的热情。

（6）提高工作技能，帮助员工成长。绩效管理的最终目的在于进行绩效改进，也就是说，通过绩效管理，寄希望能够发现主要的"绩效短板"，进而通过提升"绩效短板"，达到提升绩效水平的目的。

（7）计发绩效薪酬和年终奖金。我们经常谈到绩效，很多人就会想到企业进行员工绩效考核的目的就是计发绩效薪酬和年终奖金。是的，确实没有错，计发绩效薪酬和年终奖金是进行绩效管理中非常核心的环节之一，但绝对不是全部。

（8）创造沟通的机会。在一个完善的绩效管理机制中，每个绩效循环包括绩效目标制定与分解、绩效指标的制定、绩效考核、绩效沟通、绩效成绩应用和绩效改进6个部分，可见绩效沟通在整个绩效管理过程中起着举足轻重的作用。绩效沟通一方面使员工知道自己的不足；另一方面，让员工看到自己的成绩，同时也为领导者和员工创造了一个非常良好的沟通机会。

（9）给员工提供晋升的机会。企业通过绩效管理，就会发现有些员工是不胜任目前工作岗位的，同时也会发现有些员工是完全能够胜任目前的工作岗位，甚至有些员工的能力已经完全超过了目前岗位需要，这就需要企业为这些员工提供一个晋升的机会，使其能为企业创造更多的财富，在企业内部真正实现"能者上、平者让、庸者下"的用人机制。

总之，绩效问题已经成为当今社会普遍关心的一个问题。一个国家需要进行绩效管理，政府部门需要绩效管理，一家企业当然也离不开绩效管理，同样，一所学校、一家医院、一家银行、一个家庭……任何一个组织都需要持续不断地进行绩效管理与改进。

（三）什么是目标绩效管理

目标绩效管理不是简单的任务管理，也不是狭义的绩效考核，目标绩效管理是对企业目标确定及目标达成全过程的管理。目标绩效管理包括绩效指标提取、绩效指标词典建立、绩效计划与绩效辅导、绩效考核与评价、绩效激励、绩效结果应用等环节。

（1）一个完善的目标绩效管理体系首先要根据企业发展战略目标制定各事业群（部）、业务部门、职能部门或项目团队、员工的分目标，成为共担压力、落实企业战略目标的重要手段之一。

（2）目标绩效管理体系应贯穿于企业的目标分解、沟通、指导、辅导、考核、激励等整个管理过程，使企业管理更加有效。

（3）目标绩效管理体系应立足当前、着眼未来，以评价当前工作业绩为重点，兼顾未来绩效改进与企业战略目标的实现。

（4）目标绩效管理体系不能只关注最终结果，同时还需要关注过程以及员工能力、态度等方面。

（四）目标绩效管理有何功能

一个优秀的目标绩效管理体系必须具有 3 个重要功能，这 3 个功能分别是评价功能、沟通功能和激励功能。

（1）评价功能。评价功能是目标绩效管理体系的基本功能，缺少科学评价功能的目标绩效管理体系是没有任何实际意义的。一个具有良好评价功能的目标绩效管理体系，能让管理者在最短的时间内获取各层级员工的工作绩效，进而掌握部门、公司目标的实现状况，给各位员工、各部门及公司的绩效做出客观公正的评价。

（2）沟通功能。沟通功能是目标绩效管理体系的纽带功能，它是激励功能和评价功能的基础，缺少了沟通功能的目标绩效管理体系将无法开展。沟通功能的价值在于它能打通企业横向、纵向和内外部的情感屏障、交流屏障和信息屏障。目标绩效管理体系的沟通功能主要体现在目标分解沟通、绩效指标确定沟通、绩效考核表沟通、绩效辅导沟通、绩效评价沟通、绩效改进沟通、绩效结果应用沟通等环节。

（3）激励功能。激励功能是目标绩效管理体系的核心功能，缺少激励功能的目标绩效管理体系是没有生命力的，也是失败的。一个具有激励功能的目标绩效管理体系，可以建立员工的使命感、责任感、荣誉感，可以最大限度地调动员工的积极性，既可以为优秀员工提供更好的成长平台和发展机会，也可以给优秀员工提供更好的物质及精神回报，同时也会对绩效表现欠佳者进行一定的负激励，促进其不断提升与进步，最终实现绩优者多得，绩差者提升的目的。

二、绩效管理体系的构成

根据10多年的实践经验，我们把绩效管理体系的构成分为4个部分，即：绩效管理架构、绩效指标体系、绩效管理手册、绩效支撑体系。如图2-1所示。

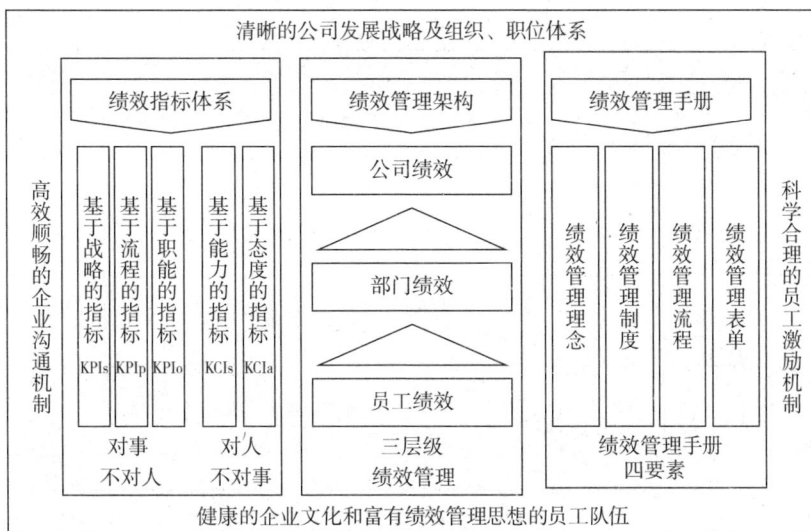

图 2-1　绩效管理体系的构成

（一）绩效管理架构

绩效管理架构是企业建立目标绩效管理体系的基础，是企业目标分解的责任担当架构，也是企业目标实现的组织架构。一般来说，企业的绩效管理架构可以由公司绩效、部门绩效和员工绩效 3 层构成；有的集团化大型企业也分为集团绩效、分子公司或者事业部绩效、部门绩效和员工绩效 4 层构成。总之，绩效管理架构可以与公司的管理层级及业务架构保持完全一致，当然也可以根据企业业务特性有所差异。

【案例 2-1】某公司绩效管理架构（表 2-1）

表 2-1　某公司绩效管理架构

绩效层级	考核周期	考核内容	考核结果应用	考核人
公司绩效	年度考核	KPIs	计算公司年终奖金总额	绩效委员会
事业部绩效	季度考核	KPIs、KPIp	计算事业部年终奖金总额	总经理

续表

绩效层级		考核周期	考核内容	考核结果应用	考核人
部门绩效		季度考核	KPIs、KPIp、KPIo	计算部门季度绩效工资总额 计算部门年终奖金总额	总经理
员工绩效	公司高管	年度考核	KPIs、公司级关键事项	计算高管年终奖金	绩效委员会
	事业部负责人	年度考核	KPIs、公司级关键事项	计算事业部负责人年终奖金	总经理
	部门负责人	季度考核	KPIs、KPIp、KPIo、KCI、部门关键事项	计算部门负责人季度绩效工资 计算部门负责人年终奖金总额	总经理
	主管级员工	季度考核	KCI、岗位关键事项等	计算员工季度绩效工资 计算员工年终奖金	部门负责人
	操作类员工	月度考核	KBI、KCI	计算员工季度绩效工资 及计算员工年终奖金	部门负责人

※KBI：关键行为指标。

（二）绩效指标体系

绩效指标体系的建立使量化评价企业各个层级的绩效变得更简单，同时也使企业目标的分解有了载体。如图 2-1 所示，企业绩效指标体系按照大类可以分为对事不对人的指标和对人不对事的指标。其中，对事不对人的指标又可以分为基于战略的 KPIs（Key Performance Indicators of Strategy），基于流程的 KPIp（Key Performance Indicators of Process）以及基于职能的 KPIo（Key Performance Indicators of Organization）；对人不对事的指标又可以分为基于能力的 KCIs（Key Competency Indicators of Skill），基于态度的 KCIa（Key Competency Indicators of Attitude）等。

KPI 和 KCI 的来源是不同的：KPI 来源于"冰山"露出海面的部分，KPIs 是结果，KPIp 和 KPIo 是过程；而 KCI 更倾向于"冰山"在水下的部分，即导致结果产生的能力、态度。如图 2-2 所示。

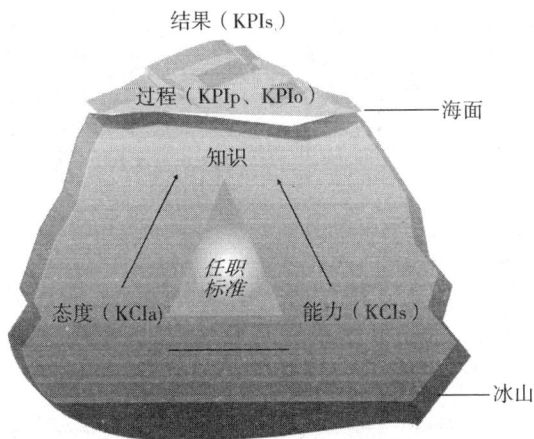

图 2-2   KPI、KCI 之间的关系

从图 2-2 可以看得出来，企业想要的最终结果可以用 KPIs 衡量，而最终结果产生的过程我们可以用 KPIp、KPIo 衡量。另外，要让员工按照规范的行为标准执行，则又与员工能力（KCIs）、态度（KCIa）密切相关。

在企业绩效指标体系应用的过程中，不同的责任主体，选取的绩效指标是不同的，有些责任主体更强调结果 KPIs，有些责任主体更强调过程 KPIp、KPIo。

【案例 2-2】某公司不同责任主体绩效指标选择（表 2-2）

表 2-2   某公司不同责任主体绩效指标选择

责任主体	对事不对人指标			对人不对事指标	
	KPIs	KPIp	KPIo	KCIs	KCIa
公司	√				
事业部	√	√			
人力资源部	√	√	√		
生产部	√	√	√		
销售部	√		√		
行政部			√		√

续表

责任主体	对事不对人指标			对人不对事指标	
	KPIs	KPIp	KPIo	KCIs	KCIa
总经理	√				
人力资源部经理	√	√	√	√	√
生产主管			√	√	√
前台文员					√
保安					√

（三）绩效管理手册

绩效管理手册是企业进行绩效管理运作的基本法，绩效管理手册中包含绩效管理理念、绩效管理制度、绩效管理流程、绩效管理表单4个部分，也可以称之为"绩效管理手册四要素"。

1. 绩效管理理念

绩效管理理念是企业绩效管理手册设计的基础，我们把常见的绩效管理理念归结为以下20条。

（1）目标绩效系统在企业管理中的定位——承上启下的核心和中枢。

（2）全员绩效考核是指所有员工都纳入目标绩效系统吗——不是，企业绩效系统还包含计件绩效、提成绩效、考勤奖惩绩效等。

（3）部门经理与绩效管理的关系——每一位部门经理都是绩效经理，都需要掌握绩效管理的方法和技巧，在部门内部开展绩效管理工作。

（4）绩效KPI是指挥棒——需要什么，就考核什么。

（5）绩效管理的精髓和最终目标是什么——绩效改进和提升。

（6）绩效管理的促进系统有哪些——激励系统、沟通系统和企业文化系统。

（7）绩效管理中激励和约束的关系是什么——以正向激励为主，以负向激励为辅。

（8）绩效管理的核心对象有两个——人和事。

（9）设定绩效指标数量的原则是什么——抓大放小，不要指望能够考核所有的内容。

（10）三层级绩效管理系统如何推进——从上往下逐渐推进，更容易产生回报的是公司绩效和部门绩效。

（11）目标管理不等于绩效考核——绩效考核只是绩效管理的环节之一。

（12）绩效管理的对象有两大类——团队绩效和个人绩效。

（13）绩效管理不仅是督促员工好好工作的"大棒"——绩效管理有"大棒"的功能，但更多的是"胡萝卜"功能。

（14）绩效管理既要注重短期利益，也要关注长期发展。

（15）绩效管理是实现战略目标的重要工具。

（16）绩效管理不只是在绩效低下的时候才使用。

（17）绩效管理的核心工具有两个——平衡计分卡（BSC）和能力素质模型。

（18）绩效管理的人性假设是"X"理论，企业文化是压力文化、执行文化和沟通文化。

（19）绩效考核的结果在激励系统中的应用要及时、准确。

（20）绩效体系的实施，是长期持续的过程，没有终点，绝对不是短期行为和抽风运动。

2. 绩效管理制度

绩效管理制度是绩效管理手册设计的核心。在绩效管理制度中需要明确企业绩效管理原则、绩效管理组织、绩效管理架构、绩效评价周期、绩效成绩与绩效系数、绩效排名、绩效资格认定、绩效结果应用、绩效申诉、绩效沟通、绩效改进等工作准则。

3.绩效管理流程

绩效管理流程包括企业发展战略规划流程、年度经营计划管理流程、战略地图绘制及管理流程、平衡计分卡与年度经营目标分解流程、绩效指标词典管理流程、公司级绩效管理流程、部门级绩效管理流程、员工级绩效管理流程、绩效指标变更流程、绩效申诉流程等。

4.绩效管理表单

绩效管理表单包括公司年度 KPI 考核表、高管 KPI 考核表、事业部 KPI 考核表、部门 KPI 考核表、员工 KPI 考核表、员工 KCI 考核表、KPI 定义表、KCI 定义表、绩效指标信息收集提报表、绩效指标变更申请表、绩效申诉表等。

【案例 2-3】某公司绩效管理制度

第 1 章　总则

1.1 目的

1.1.1 为了持续提高和改进公司、部门和员工绩效，确保公司经营目标顺利达成，特制定本制度。

1.1.2 旨在通过定期对公司、部门和员工的工作绩效进行评价，发现短板及不足，同时通过持续改善，提升业绩。

1.2 绩效管理原则

公司在实施绩效管理的过程中，始终坚持稳定原则、公开原则、客观原则、员工参与原则、申诉原则。

1.2.1 稳定原则：公司在确定了绩效指标词典后，在一个绩效周期内，绩效指标、考核标准和分配方式基本不会发生大的变化，保持相对稳定。

1.2.2 公开原则：各级绩效考核表的制定与过程调整，均需由目标承担者与其上级主管共同协商讨论完成，被考核者有知晓并充分理解自己的详细考核结果的权利。

1.2.3 客观原则：坚持用事实说话，对被考核者的任何评价都应有明确的评价标准与客观事实依据。

1.2.4 参与原则：被考核者有参与制定本部门（岗位）考核指标、考核标准的权利。

1.2.5 申诉原则：被考核者认为有失公正的地方，可以要求考核者进行必要的解释，或由被考核者直接向人力资源部和薪酬与绩效委员会申诉。

1.3 适用范围

本制度适用于对公司所有员工的绩效管理（不含计时计件制员工）。

第 2 章 绩效管理体系

2.1 绩效管理体系

公司采用三级绩效架构模式，即公司绩效、部门绩效和员工绩效，具体如表 2-3 所示。

表 2-3 绩效管理架构

绩效层级		考核周期	考核内容	考核结果应用	考核人
公司绩效		年度考核	KPIs	计算公司年终奖金总额 计算高管年终奖金	薪酬与绩效委员会
部门绩效		季度考核	KPIs、KPIp、KPIo	计算部门季度绩效工资总额 计算部门年终奖金	总经理
员工绩效	公司高管	年度考核	KPIs、公司级关键事项	计算高管年终奖金	薪酬与绩效委员会
	部门负责人	季度考核	KPIs、KPIp、KPIo、KCI、部门关键事项	计算部门负责人季度绩效工资 计算部门负责人年终奖金	总经理
	普通员工	季度考核	KCI、岗位关键事项等	计算员工季度绩效工资 计算员工年终奖金	部门负责人

2.2 绩效管理组织

为了保证公司绩效管理体系的正常运行，公司绩效管理组织分工如表 2-4 所示。

表 2-4 绩效管理组织

绩效管理组织		主要职责
薪酬与绩效委员会	主任：总经理 成员：副总经理、总经理助理	（1）提出公司绩效考核总体要求 （2）对各部门重要定性指标评分，并对考核结果进行最终审批 （3）对考核过程中出现的争议的最终裁决 （4）负责公司绩效考核表编制及绩效结果输出
总经理		（1）负责公司高管、部门及部门负责人绩效结果输出 （2）监督绩效管理体系实施状况
企业管理部	组长：企业管理部经理 成员：绩效经理	（1）公司、高管、部门绩效考核表数据收集 （2）协助总经理对部门、部门负责人进行绩效考核结果计算 （3）根据绩效结果，提出各部门绩效改进方向
人力资源部	组长：人力资源部经理 成员：绩效主管、薪酬主管	（1）对各部门员工考核提供指导和技术支持 （2）对考核结果进行应用 （3）对各部门考核方案提出改进建议
各部门	部门负责人	（1）部门内部员工绩效考核表编制、绩效辅导、绩效沟通及绩效结果输出 （2）部门绩效工资的分配

第 3 章 绩效指标建立及目标确定

3.1 年度经营目标确定

每年末由公司薪酬与绩效委员会根据公司发展战略编制公司下年度经营计划和目标责任书。

3.2 绩效指标词典的建立

3.2.1 企业管理部根据公司年度经营计划，组织建立 KPIs、KPIp、KPIo 词典。

3.2.2 人力资源部根据公司能力素质模型及岗位任职资格负责建立 KCIs、KCIa 词典。

3.2.3 企业管理部汇总编制公司年度绩效指标词典。

第4章　绩效目标确定及考核表编制

4.1 公司目标确定

公司年度经营目标及高管年度目标由薪酬与绩效委员会根据公司战略地图及平衡计分卡确定，并报公司董事会审批。

4.2 部门目标的建立与分解

企业管理部根据公司年度目标责任书，协助总经理进行各部门目标分解。

4.3 员工目标确定

部门负责人根据部门年度目标责任书及部门岗位设置对本部门年度目标进行分解。

4.4 考核表的编制与发放

4.4.1 薪酬与绩效委员会负责编制公司、高管年度绩效考核表，并经董事会批准后发放。

4.4.2 企业管理部负责部门季度绩效考核表的编制，并经总经理批准后发放。

4.4.3 各部门负责人根据部门绩效考核表及工作计划，负责本部门员工季度考核表的编制，并报分管领导审批后发放。

第5章　绩效考核

5.1 绩效数据的收集

为保证绩效数据公正性，企业管理部需要规划各部门绩效指标数据来源及提供时间，并书面通知各数据输出部门。

5.2 绩效考核

5.2.1 公司绩效

（1）对公司绩效只进行年度考核，年度考核在次年1月20日前完成。

（2）公司考核由公司经营委员会根据公司绩效指标完成情况进行评分。

（3）公司绩效考核分数作为发放全员年终奖金、高管年度绩效工资的依据。

5.2.2 部门绩效

（1）部门绩效为季度考核，季度考核在季度结束后 15 日内完成。

（2）部门绩效的考核由直接上级、总经理根据部门绩效指标完成情况评分和确认。

5.2.3 员工绩效

（1）员工绩效分为高管、部门负责人、主管级员工、操作类员工 4 类。其中，高管采用年度考核，部门负责人、主管级员工采用季度考核，操作类员工采用月度考核。

（2）月度考核在次月 5 日内完成，季度考核在季度结束后 10 日内完成，年度考核在年度结束后 20 日内完成。

5.3 绩效资格的认定

5.3.1 经理级员工被考核资格认定。出现以下情况之一，取消当季考核资格，不计发当季绩效薪酬。

（1）当季被重大投诉次数超过 2 次（含 2 次）以上的，查证属实并经总经理审批。

（2）下属人员严重违反公司制度，给公司造成重大经济损失或恶劣影响的。

（3）任职时间少于 1 个月的。

（4）在绩效考核中弄虚作假的。

（5）被公司解除劳动合同的。

（6）出现严重失职行为的。

（7）其他经总经理认定需取消绩效考核资格的。

5.3.2 普通员工被考核资格的认定。出现下列情况之一，取消员工的季考核资格。

（1）考核期内因工作失职，严重影响部门 KPI 实现的责任人。

（2）考核期内违反公司劳动纪律累计达 4 次的员工。

（3）考核期内请事假累计超过 12 天的员工。

（4）考核期内请病假超过 20 天（含公休日）的员工。

（5）解除劳动合同的员工。

（6）当季工作时间不满 30 个工作日的试用期员工。

（7）在绩效考核中弄虚作假的。

（8）员工个人严重违反公司制度，给公司造成重大经济损失或恶劣影响的。

（9）其他经部门经理认定需取消绩效考核资格的。

5.4 绩效分数与绩效系数

5.4.1 公司、高管、部门绩效结果根据绩效分数对应绩效系数执行，如表 2-5 所示。

表 2-5　公司、部门、员工绩效系数

绩效等级	S（卓越）	A（优秀）	B（良好）	C（合格）	D（不合格）
绩效分数（X）	$X \geq 100$ 分	$X \geq 90$ 分	$X \geq 80$ 分	$X \geq 60$ 分	$X < 60$ 分
绩效系数	1.2	1.0	0.9	0.8	0.7

5.4.2 为了避免部门之间由于绩效考核方法的差异导致的不平衡，部门内部员工根据部门季度绩效系数进行强制分布，如表 2-6 所示。

表 2-6　绩效成绩强制分布矩阵

部门绩效等级		S（卓越）	A（优秀）	B（良好）	C（合格）	D（不合格）
部门绩效系数		1.2	1.0	0.9	0.8	0.7
员工绩效系数	S（卓越）　1.2	60%	20%			
	A（优秀）　1.0	30%	40%	30%		
	B（良好）　0.9	10%	40%	40%	40%	10%
	C（合格）　0.8			30%	40%	30%
	D（不合格）　0.7				20%	60%
加权平均绩效系数		1.11	1.0	0.9	0.82	0.75

说明：部门内部员工（不含部门负责人）季度考核等级由部门负责人根据员工绩效成绩和部门绩效系数确定，所有员工平均绩效系数应不大于部门加权平均绩效系数。

第6章　绩效沟通

6.1 绩效沟通是整个绩效管理工作的重要环节，它的主要任务是：

（1）改善及增强考核者与被考核者的上下级融洽关系，分析被考核者弱点，并帮助被考核者改进。

（2）明确被考核者发展及训练的需要，以便日后承担并更加出色有效地完成工作。

6.2 考核沟通应由考核人和被考核人单独进行，时间以30~45分钟为宜。企业管理部、人力资源部根据需要可选择参加部分部门的绩效沟通工作。

第7章　绩效成绩应用

7.1 为员工绩效工资计算提供依据。

7.2 为员工年终奖金计算提供依据。

7.3 为员工的薪酬层级调整提供依据。

7.4 为员工的层级和职位调整提供依据。

7.5 作为年度评优的依据。

第8章　其他

8.1 绩效分析

企业管理部负责在每年的1月30日前编制出上年度公司绩效分析报告。报告应包括绩效管控系统及运作的现状分析；部门及员工年度绩效水平描述和需要改进的问题和解决方案。

8.2 绩效目标变更

当公司战略发生变化或指标承担部门需要变更指标时，需要及时对绩效考核表加以修正，并取得批准。

8.3 绩效投诉

由于其他部门的原因而导致本部门指标不能完成时，部门有权提出投诉。如果投诉成立，则可以将本部门的考核责任转嫁到影响指标完成的责任部门。

8.4 其他规定

（1）超过规定时限不提交考核结果的部门，企业管理部、人力资源部有权对部门考核成绩进行扣分处理。

（2）绩效投诉和指标变更必须在考核正式实施前15个工作日内进行。

第9章　相关流程

9.1 绩效指标词典管理流程。

9.2 公司绩效管理流程。

9.3 部门绩效管理流程。

9.4 员工绩效管理流程。

9.5 绩效投诉流程。

9.6 绩效指标变更。

第10章　相关表单

10.1 公司年度绩效考核表。

10.2 高管年度绩效考核表。

10.3 部门季度绩效考核表。

10.4 员工季度绩效考核表。

10.5 绩效投诉审批表。

10.6 绩效指标调整申请表。

第11章　附则

11.1 本手册自2018年1月1日起正式实施，与绩效相关的其他规定、制度同时作废。

11.2 本手册由企业管理部起草，并负责监督实施。

11.3 本手册最终解释权属企业管理部。

（相关流程及表单本书略）

（四）绩效支撑体系

绩效支撑体系是指要保证企业绩效体系有效运行，必须健全的其他管理体系。企业绩效支撑体系的核心包括4项：①清晰的企业发展战略、年度经营计划和组织体系、职位体系；②健康的企业文化和富有绩效管理思想的员工队伍；③高效顺畅的企业沟通机制；④科学合理的员工激励机制。

1.清晰的企业发展战略、年度经营计划和组织体系、职位体系

绩效管理的终极目标是达成企业的战略目标及年度经营计划，如果企业的战略及年度经营计划不清晰，势必会影响目标分解，进而导致各部门、各岗位绩效目标与企业目标不一致，同时如果企业的组织体系、职位体系不健全，就很有可能导致企业相关绩效指标责任主体界定不明确，目标绩效体系不能得到有效实施，最终影响目标的实现。

2.健康的企业文化和富有绩效管理思想的员工队伍

积极、健康的企业文化会为企业绩效管理体系的实施奠定坚实的基础，同时富有绩效管理思想的员工队伍也会为绩效管理体系的实施扫清人际障碍。

3.高效顺畅的企业沟通机制

无论是绩效目标分解、绩效指标确定、绩效考核表编制、绩效辅导，还是绩效评价，都需要考核者与被考核者之间进行顺畅、有效的沟通，缺乏高效顺畅沟通机制的企业是推行不好绩效管理体系的。

4.科学合理的员工激励机制

绩效结果应用一定要与员工的激励措施挂钩，比如员工年终奖金计算、绩效工资计算、员工薪酬层级晋升、职位晋升、职位降低、职位调动、员工培训、职业发展、优才计划、公司决策等，否则就失去了绩效管理的原动力。

三、绩效管理五步法

一个科学合理的目标绩效管理体系是如何建立起来的呢？实施过程包括哪些核心步骤呢？基于多年的管理实践经验，我们将绩效管理体系的设计过程分为 5 个核心步骤（图 2-3），这 5 个核心步骤分别是：①根据企业发展战略及年度经营计划建立战略地图与平衡计分卡；②编制绩效指标词典；③绩效计划与绩效辅导；④绩效评价与考核；⑤绩效激励与结果应用。

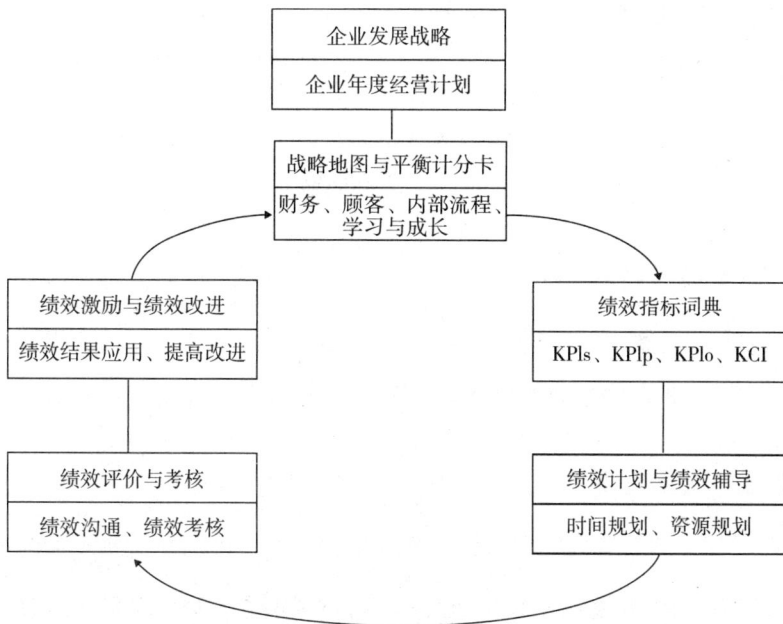

图 2-3　绩效管理五步法

（一）建立战略地图与平衡计分卡

科学的绩效管理体系一定是紧紧围绕企业经营目标顺利达成而展开的，因此必须将企业年度经营策略用战略地图的方式清晰地表达出来，同时企业还需要利用平衡计分卡将企业年度目标与衡量绩效指标进行规划，这是绩效管理的第一步。关于如何建立战略地图与平衡计分卡，读者可以参考本书第三章。

（二）编制绩效指标词典

根据前面介绍的绩效指标体系必须包括对事不对人的 KPI 以及对人不对事的 KCI，企业在编制绩效考核表之前必须定义每项指标。可见，编制绩效指标词典是绩效管理体系的关键。关于绩效指标词典的建立，本书第三章、第四章、第五章、第六章有详细的阐述。

（三）绩效计划与绩效辅导

KPI、KCI 确定后，企业需要组织各部门编制达成本部门 KPI 的绩效计划，以及组织各岗位规划达成 KCI 的行动计划。同时，为了保证计划落实，直接上级还必须定期对被考核者进行辅导和监督。

（四）绩效评价与考核

绩效评价是绩效管理体系的核心，很多企业由于缺乏科学的绩效评价和考核机制，最终导致目标绩效管理体系沦为鸡肋，流于形式。

（五）绩效激励与结果应用

评价一个绩效管理体系是否合理的最重要的一项指标就是对员工是否具有激励性。因此根据企业的实际状况，合理设置激励措施是非常有必要的。绩效结果可以应用在短期绩效奖金（月度绩效奖金、季度绩效奖金、项目奖金等）、年终奖金、薪酬调整、员工福利（年度旅游、弹性福利、培训基金等）、职位异动（升迁、降级、调岗、辞退等）、员工发展计划（优才计划、梯队建设等）、支持管理决策（年度经营目标调整、年度经营措施优化等）、其他（如年度评优）。

四、什么是绩效指标

绩效指标就是用来衡量公司、部门或者员工绩效递进过程的一种工具，是衡量绩效好坏的标准，每家公司在不同的发展阶段所要求的绩效指标会根据战略的调整进行相应的调整和优化。

比如：当一个小孩刚刚懂事的时候，父母会用小孩听不听话、是否诚实来衡量他是不是一个好孩子；但当这个小孩上小学读书的时候，他的学习成绩就会变成父母衡量他的主要指标；当小孩高中毕业的时候，能不能考上名牌大学就成为衡量他的关键指标；大学毕业之后，能否找到一份满意的工作又成了关键指标。

再比如：当一个人还未解决温饱问题的时候，他最关注的是如何想办法赚钱使自己不至于饿肚子，这时候衡量他的主要指标就是饿肚子的次数；但如果这个人某一天可以解决温饱问题的时候，他的关注焦点马上会转移到精神方面的享受，比如穿着打扮等，这时候衡量他的指标就不再是饿肚子的次数，而是吃山珍海味的次数了。

衡量一家企业其实也是同样的道理。企业比较小的时候，老板更加追求企业的销售收入，并将其作为考核企业绩效的关键指标；当企业发展到一定规模的时候，老板不仅要追求销售额，他更加注重对利润的追求。

我们用企业生命周期理论来解释这个道理就更加简单了。企业的发展通常会经历初创、成长、成熟、衰退等几个阶段，不同的发展阶段企业所面临的问题不同，解决这些问题的策略不同，当然衡量企业的绩效指标也会不同（表2-7）。

有时候，当一家企业或部门也会将制约其目前发展的主要因素作为其当前的主要指标来抓，但这些制约因素一旦能够支撑目标实现的时候，企业往往就会将关键指标转移到其他制约因素上去，并通过这样持续不断地寻找制约因素—重点关注—不断改进—促使目标达成—寻找新的制约因素，最终达到提高工作绩效的目的。

表 2-7　不同生命周期阶段企业的衡量指标

发展阶段	初创期	成长期	成熟期	衰退期
面临问题	生存危机	秩序危机	战略危机	文化危机
解决办法	创造机会	规范管理	独特竞争	全面再造
衡量指标	销售收入	销售收入 利润	投资回报 销售收入 利润	新业务增长 利润率 现金流量

五、绩效指标类型

根据图 2-1 可以看得出来，绩效指标表有两大类，即对事不对人指标、对人不对事指标。其中对事不对人指标包括基于战略的 KPIs、基于流程的 KPIp 以及基于职能的 KPIo；对人不对事的指标又可以分为基于能力的 KCIs、基于态度的 KCIa 等。

其中，KPIs 是用来衡量企业战略及经营目标是否顺利达成，是企业经营的最终目的；KPIp 是用来衡量战略及经营目标实现过程中是否高效、高质量、高客户满意度、低成本，是直接影响目标实现的关键；KPIo 是用来衡量组织内部分工及部门、岗位职责履行是否有效。

我们通常讲：先有战略，后有流程，最后才是组织。企业战略要想顺利实现，建立以客户为导向的流程中心型组织非常有必要，而流程落地及有效实施的前提是企业内部的组织职位体系健全，分工明确。可以这么讲，KPIs 衡量的是结果，而 KPIp 衡量的是结果产生的过程，KPIo 衡量的是确保结果实现的基础。

另外，企业的所有战略规划、经营策略、流程及职能的履行归根结底都必须依靠人，因此，绩效指标当中还有两类非常关键的指标，即 KCIs、KCIa。其中，KCIs 用来衡量员工能力，KCIa 用来衡量员工工作态度。能力达不到，再好的策略、再完善的流程、再科学的分工也都无济于事；同理，如果员工的工作态度有问题，同样也很难实现企业的战略目标。

六、如何提取指标

绩效指标是绩效管理体系中非常重要的组成部分。因为指标就如大海上的航标，一旦指标选取错误就会直接导致企业运营方向发生偏移。另外KPIs、KPIp、KPIo、KCI 的来源不同，其指标提取的方法也会存在差异，因此掌握指标提取方法就显得很重要。

比如，有家大型集团企业为了倡导员工廉洁而设定了一个 KPI，叫做每万人腐败案件查处次数。我们一起来看看这个指标：首先大家觉得这个指标的极性是越大越好呢，还是越小越好呢？越大越好可以反映出审计部门的工作成绩，但反过来又会暴露出企业内部腐败现象的严重性；而越小越好呢，审计部门不用开展任何工作就可以达成该指标，但企业内部的腐败问题又不能充分暴露出来，因此可以认为这个 KPI 的提取是无效的。

再如，有家企业考核制造部门生产成本下降率。从表面上来看，这个考核指标似乎很合理，因为绝大多数成本都是在制造环节发生的。但事实上，制造部门对成本的影响非常有限，比如用什么材质的原料、用什么加工工艺、原材料价格控制、采用什么检验方法都不是制造部门可以左右的，而是研发部门、工艺部门、采购部门、品质部门已经确定好的，因此在生产成本控制方面单独考核制造部门是不全面的。

同理，很多企业考核销售部门的一个指标叫做订单准时交付率。道理很简单，订单是销售部门接来的，也就理所当然对这个指标负责。但大家认真想想，从订单评审、计划安排、物料采购、工艺规范准备、产品线调整、设备检修、产品线工人培训、作业计划安排、仓储及物流等，每个环节都会直接影响订单准时交付率这个指标的达成，因此，可以认为订单准时交付率这个指标仅仅考核销售部门是有失偏颇的，上述每个对该指标产生影响的部门都应该对这个指标的达成负责。

（一）KPIs 提取

KPIs 来源于企业的发展战略及年度经营计划，用罗伯特·卡普兰、戴维·诺顿的理论框架就是把企业战略实施策略或者年度经营计划分门别类地放到战略地图当中变成战略主题，再按照质量、数量、时间、成本等维度对每项战略主题进行量化。由于企业战略发展阶段和每个经营年度的策略不同，这就意味着不同阶段战略地图中的战略主题是不同的，因此 KPIs经常会随着企业发展战略及年度经营计划的调整而发生改变。

图 2-4　QQTC 模型

如图 2-4 所示，通常我们对战略地图当中的战略主题进行量化的时候，可以从数量、质量、时间和成本 4 个维度进行描述。

Q（Quantity 数量）：即在规定条件下完成工作的数量，数量维度的指标，一般采用个数、时数、次数、人数、项数、额度等表示，如新客户开发数量、新客户年度销售收入、新产品销售收入、A 类合格供应商数量、员工年度平均培训时数、质量体系外审不合格项数等。

Q（Quality 质量）：即在规定条件下完成工作的质量，质量维度的指标，通常采用比率、评估结果、及时性、满意度、准确性、达成率、完成情况、合格率、周转次数等表示，如原料交检合格率、客户满意度、订单准时交付率、流动资金周转次数、人均产值、人均利润、财务账务处理准确率等。

T（Time 时间）：即在规定条件下完成工作的时间，时间维度的指标，通常采用完成时间、批准时间、开始时间、结束时间、最早开始时间、最迟开始时间、最早结束时间、最迟结束时间等表示，如薪酬体系发布时间、月度财务报表编制完成时间、年度产品研发路线图发布时间等。

C（Cost 成本）：即在规定条件下完成工作所耗费的成本，成本维度指标，通常采用费用额、预算控制等表示，如采购成本控制、销售费用控制等。

其实，我们在量化一个战略主题时，可以根据以上几个维度进行综合量化，只不过有时候是单独从某一个维度进行量化，而有时候是从 2 个或 3 个，甚至 4 个维度进行量化的。

【案例 2-4】MD 公司年度 KPIs 提取

MD 公司是深圳一家专门从事家装业务的上市企业，以下是 MD 公司规划的 2018 年度战略地图（图 2-5）及提取的该公司年度 KPIs（表 2-8）。

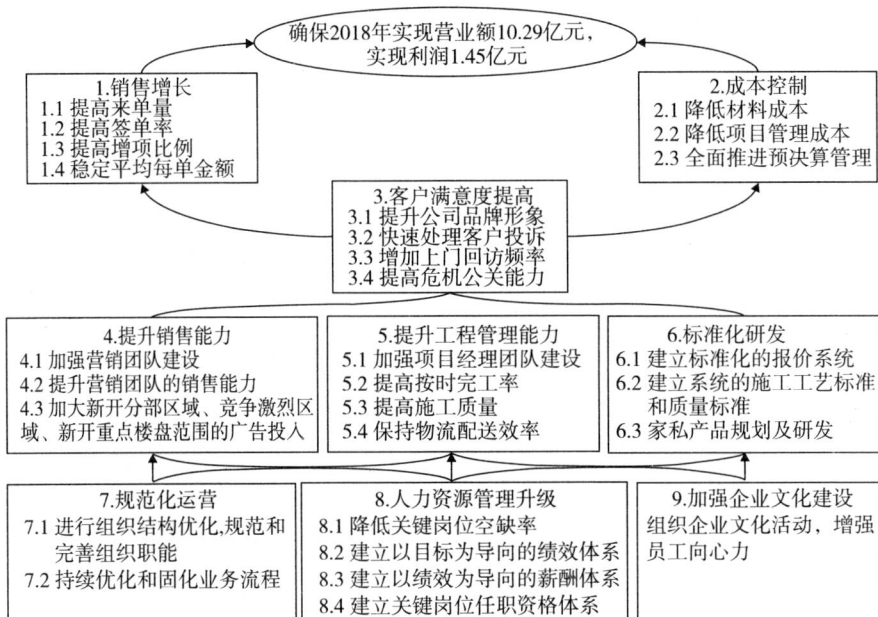

图 2-5　MD 公司 2018 年战略地图

表 2-8　MD 公司 2018 年度 KPIs

战略主题		KPIs	责任人				
一级主题	二级主题		分公司	研发	物流	财务	管理
确保 2018 年实现营业额 10.29 亿元，实现利润 1.45 亿元		营业收入	√	√	√	√	√
		利润总额	√	√	√	√	√
		净利润率	√	√	√	√	√
1. 销售增长	1.1 提高来单量	来单量	√				
	1.2 提高签单率	签单成功率	√				
	1.3 提高增项比例	平均增项率	√				
		平均每单金额	√				
2. 成本控制	2.1 降低材料成本	采购成本率下降幅度			√		
	2.2 降低项目管理成本	生产成本率			√		
		工程综合管理费人均完成额			√		
	2.3 全面推进预决算管理	费用预算偏离度				√	
		预算覆盖率				√	

续表

战略主题		KPIs	责任人				
一级主题	二级主题		分公司	研发	物流	财务	管理
3. 客户满意度提高	3.1 提升公司品牌形象	品牌形象建设计划达成率	√				
	3.2 快速处理客户投诉	客户投诉平均处理周期					√
	3.3 增加上门回访频率	上门回访率	√				
	3.4 提高危机公关能力	危机事件曝光个数					√
4. 提升销售能力	4.1 加强营销团队建设	业务员到岗率	√				
		设计师到岗率	√				
	4.2 提升营销团队的销售能力	业务员平均来单个数	√				
		签单设计师比例	√				
	4.3 加大新开分部区域、竞争激烈区域、新开重点楼盘范围的广告投入	广告投入预算	√				
		广告投放计划达成率	√				
5. 提升工程管理能力	5.1 项目经理团队建设	项目经理考核合格率	√				
		项目经理缺岗率	√				
	5.2 提高按时完工率	准时交货率			√		
		准时配送率			√		
		项目按时完成率			√		
	5.3 提高施工质量	家私质量合格率			√		
	5.4 保持物流配送效率	物流配送平均周期			√		
6. 标准化研发	6.1 建立标准化的报价系统	标准化报价系统正式上线时间		√			
	6.2 建立系统的施工工艺标准和质量标准	施工工作量化标准发布时间		√			
	6.3 家私产品规划及研发	研发计划完成率		√			
7. 规范化运营	7.1 进行组织结构优化，规范和完善组织职能	组织管理手册发布时间					√
		岗位编制压缩率	√	√	√	√	√
	7.2 持续优化和固化业务流程	流程处理超时率					√
		流程有效执行率	√	√	√	√	√

续表

战略主题		KPIs	责任人				
一级主题	二级主题		分公司	研发	物流	财务	管理
8.人力资源管理升级	8.1 降低关键岗位空缺率	关键岗位招聘计划完成率					√
		关键岗位招聘合格率					√
		关键岗位空缺率					√
	8.2 建立以目标为导向的绩效体系	绩效体系正式实施时间					√
		绩效体系实施有效性评价					√
	8.3 建立以绩效为导向的薪酬体系	薪酬体系正式实施时间					√
		员工对薪酬的满意度					√
	8.4 建立关键岗位任职资格体系	任职资格体系正式发布时间					√
		关键岗位适岗率					√
9.加强企业文化建设	9.1 组织企业文化活动，增强员工的凝聚力	企业文化活动计划达成率	√	√	√	√	√
		员工敬业度					√
		员工满意度					√

（二）KPIp 提取

KPIp 来自于公司流程。所谓流程，是指一系列的、连续的、有规律的活动，而这些活动以特定的方式进行，并导致特定结果的产生。请注意：

（1）流程是"一系列的、连续的、有规律的活动"。正因为这样，这些"活动"是有先后顺序或并列关系的，同时这种先后或并列关系是连续和有规律的。

（2）流程"以特定的方式进行"。在流程运作的过程中，不同公司、不同发展阶段其"活动"之间的运作方式是不同的。

（3）流程"导致特定结果的产生"。流程的最终目的在于创造价值，也就是增值，这种增值可能是效率提升、成本降低、销售增加、利润增长、质量提高，也可能是客户满意、员工满意，这与每个流程的目的（流程绩效）有关。

流程可以帮助企业高效、低成本、高质量达成客户需求，因此，KPIp 一般用作衡量企业满足客户需求的效率、成本、质量、客户满意度。另外，企业还需要注意，但凡是 KPIp 一定与多个部门或责任主体相关。

【案例 2–5】广州某高科技企业 KPIp 规划（表 2–9）

表 2-9　广州某高科技企业 KPIp 规划

流程名称	KPIp	相关部门									
		销售部	销售商务部	研发部	生产技术部	计划部	采购部	质量部	制造部	物流部	售后服务部	财务部
订单管理流程	订单准时交付率	√	√		√	√	√		√	√		
成本管理流程	产品成本控制			√	√		√	√	√	√		√
产品品质管理流程	成品合格率			√	√		√	√	√	√		
客户满意度管理流程	客户满意度	√	√	√	√		√	√	√	√	√	√

（三）KPIo 提取

KPIo 来源于部门职能，用来衡量部门职能是否有效履行，或者部门职能履行效果如何。针对每项职能可以有多个 KPIo，也可以只用一个 KPIo 衡量。关于 KPIo 的提取可以参考 KPIs 提取时用到的 QQTC 模型。

【案例 2–6】深圳某主题公园游客部 KPIo 规划（表 2–10）

表 2-10　深圳某主题公园游客部 KPIo 规划

部门使命	根据部门工作目标和流程，实施公司的检票管理、景点服务管理、干线运营和水公园管理工作，完成年度收入指标，支持公司经营目标的实现		
一级职能	二级职能	三级职能	部门 KPIo
项目管理	检票管理	负责入园闸口检票、储物等服务	各项营业收入
		负责游园车、电瓶车、小火车的运行、经营、服务和管理	检票事故发生次数

续表

一级职能	二级职能	三级职能	部门KPIo
	景点管理	负责园区小型游乐项目的服务和管理	景点事故发生次数
	干线运营	负责欢乐干线的营运、经营、服务和日常管理	干线事故发生次数
	水公园管理	负责项目服务、救生、管理	水公园事故发生次数
		负责储物区的服务、管理	服务满意度
服务	服务规范化	组织编制游客服务体系、服务规范和工作流程	客户有效投诉次数
		实施游客服务体系，提高客户满意度	投诉解决率
		定期培训现场服务游客技巧，提升公司服务品质	
综合管理	部门建设	负责部门工作计划的制定、工作总结和分析	部门计划达成率
		参与本部门员工的招聘、选拔	人力资源各项按期完成率
		负责本部门员工队伍建设以及员工的培养、培训	部门培训计划达成率
		负责本部门员工工作业绩的考核和绩效薪酬的分配	
		负责宣导公司的企业文化，提高部门员工的凝聚力和活力	
		组织制定、优化本部门的管理制度和流程	部门流程有效执行率
		负责制度执行的推进与监督、控制，不断完善部门管理	
	资产与费用	负责本部门资产的购置、管理和维护	资产完好率
		负责部门成本费用的控制	部门费用超支率
	环境卫生	做好部门办公室及包干区等环境的清洁，保证环境设施的整洁卫生	环境卫生达标率
	安全规范	与公司签订安全管理责任书，按照安全责任书的要求，做好安全防范工作	安全事故次数
		负责本部门的安全规范工作	
		做好各项应急处理，保障游客安全	

（四）KCI 提取

KCI 来源于公司能力素质模型，由于 KCI 是对人不对事的指标，因此 KCI 只与岗位任职资格中对任职者的具体要求有关，不同岗位对于 KCI 的项目要求不同，同时对 KCI 的级别要求也是不同的。

【案例 2-7】南京某企业职能管理职系 KCI 规划（表 2-11）

表 2-11　南京某企业职能管理职系 KCI 规划

KCI 项目		管理职位族——职能管理职系							
		经营管理部经理	商务管理部经理	设计管理部经理	工程管理部经理	采购管理部经理	安全运营部经理	财务管理部经理	综合办公室主任
KCIs	团队领导	3 级	3 级	3 级	3 级	3 级	3 级	3 级	3 级
	战略规划	3 级	2 级	2 级	2 级	2 级	2 级	2 级	3 级
	决策能力	3 级	3 级	3 级	3 级	3 级	3 级	3 级	3 级
	培养指导	4 级	4 级	4 级	4 级	4 级	4 级	4 级	4 级
	影响能力	3 级	3 级	3 级	3 级	3 级	3 级	3 级	3 级
	组织协调	3 级	3 级	3 级	3 级	3 级	3 级	3 级	3 级
	创新能力	4 级	3 级	3 级	3 级	3 级	3 级	3 级	4 级
	沟通能力	4 级	4 级	3 级	3 级	4 级	4 级	3 级	4 级
	计划执行	4 级	3 级	4 级	3 级	4 级	4 级	4 级	4 级
	分析思维	4 级	4 级	3 级	3 级	4 级	3 级	4 级	4 级
	归纳思维	4 级	4 级	4 级	3 级	4 级	4 级	4 级	4 级
	信息收集	4 级	4 级	4 级	3 级	3 级	3 级	4 级	4 级
	学习领悟	4 级	3 级	4 级	3 级	4 级	4 级	4 级	4 级
	人际交往	4 级	4 级	3 级	3 级	3 级	3 级	3 级	4 级
	自控能力	4 级	4 级	3 级	3 级	3 级	3 级	3 级	4 级
KCIa	成就导向	★	★	★	★	★	★	★	★
	全局观念	★	★	★	★	★	★	★	★
	客户导向	★	★	★	★	★	★	★	★
	效益意识	★	★	★	★	★	★	★	★

七、绩效指标词典

　　绩效指标词典是指根据公司实际进行衡量的指标确定、指标定义、指标应用等一系列工作的总和。

　　绩效指标词典不但可以应用于公司、部门的目标绩效管理，还可以应用到对岗位、员工的绩效管理过程中；也可以应用到对公司的绩效改进和调整、员工试用期评价、试岗期评价、适岗率评价、职位晋升任职资格测评、员工培训、员工职业生涯规划等环节中。

绩效指标词典因为公司的发展战略而存在，也必将因为公司战略目标的不断调整而完善。绩效指标词典不是静止的，它需要根据公司战略重点的变化与调整进行动态完善。一般来讲，绩效指标词典的调整会根据公司业务战略调整、员工绩效状况、部门绩效状况、公司绩效状况等进行优化和更新。

【案例 2-8】某公司绩效指标词典管理流程（图 2-6）

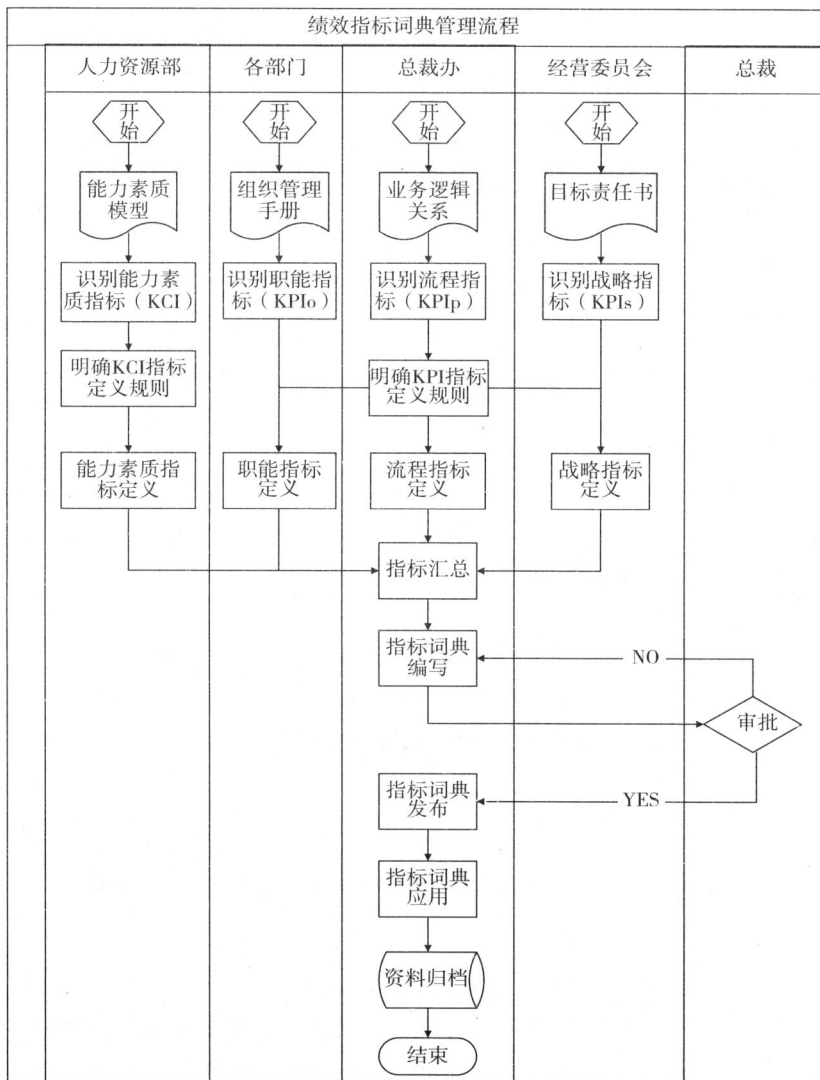

图 2-6　某公司绩效指标词典管理流程

第三章

战略绩效指标建立五步法

战略绩效指标来源于企业发展战略与年度经营计划，是用来衡量企业战略及年度经营计划顺利实现的标尺。根据多年的管理实践，我们将战略绩效指标的建立分为以下 5 个步骤：①从发展战略到年度经营计划；②战略地图绘制；③平衡计分卡与绩效指标识别；④战略绩效指标责任分解；⑤战略绩效指标定义。

一、从发展战略到年度经营计划

发展战略规划是解决企业未来 3 年、5 年、10 年，甚至更长时间的发展问题。战略对于企业的重要性是不言而喻的，因为战略是企业开展一切经营活动的起点，犹如灯塔为大海上航行的船舶指明航向。中国企业发展到今天，如果去问任何一家企业：贵公司有战略吗？恐怕 90% 以上的企业都会告诉你它的战略是什么。我们且不要计较它是否科学合理，也不管它是老板拍脑袋决定的，还是花巨资请外脑规划的，也不追究它是否被严格执行，至少企业有了战略，就说明中国企业的管理还是有进步的。然而企业发展到今天，广大管理者更应该明白：正确和客观地认识战略的重要性，以及保证战略有效落地和实施是任何一家企业进行战略管理的重中之重。

战略固然重要，但世事难料。对于任何一家企业而言，面对经济环境瞬息万变、新技术日新月异、电商翻云覆雨、替代产品层出不穷、竞争者蜂拥而至、投机者虎视眈眈、行业内群雄逐鹿的经营环境，很多企业刚入"蓝海"，很快又陷入了"红海"的漩涡，稍不留神，就会被历史的车轮碾得粉碎。如何才能保证企业长远的战略能够真正落地？唯有从眼前做起，从现在做起，以终为始，清晰规划和定义年度经营策略，并确保每年都能严格按照经营规划执行。

为了让读者充分理解企业发展战略和年度经营计划的作用，下面从企业发展战略规划及实施的全过程来分析。

（一）愿景描述：确定梦想

在任何企业，愿景就是企业的发展蓝图，是企业永远为之奋斗并期望达到的理想场景。愿景一旦确定，就需要企业全体成员将其作为终极目标去追求。愿景描述就是要解决这样一个最基本的问题：我们要成为什么？我们将向哪里去？

那么企业的愿景是从哪里来的呢？确定愿景对企业发展又有哪些好处呢？

彼得·德鲁克说：一家企业不是由它的名字、章程和公司条例来定义的，而是由它的任务来定义的。企业只有具备了明确的任务和目的，才可能制定明确和现实的企业目标。

约翰·基恩说：企业愿景可以集中企业资源、统一企业意志、振奋企业精神，从而指引、激励企业取得出色的业绩。战略制定者的任务就在于认定和表明企业的愿景。

彼得·德鲁克和约翰·基恩为我们回答了以上两个问题，企业愿景不是由它的名字、章程确定，愿景是企业对未来蓝图的描述，是企业全体成员共同追求的事业梦想。

弗雷德.R.戴维教授认为，愿景的确定，可以：

（1）保证企业经营目的的一致性。愿景是企业对未来的憧憬，很多企业在缺乏清晰愿景描述的情况下，很容易导致发展方向的迷失，正如一个人在缺乏信仰的时候会造成灵魂的迷失一样。

（2）为企业配置资源提供基础或依据。企业一切资源的配置都来自于自身发展方向和战略选择，诸如小米手机投入两三千人的研发团队正是源于其对手机核心技术的苛求；同样，京东斥巨资打造完善的电商物流也是源于京东"让生活变得简单快乐"的使命和"成为全球最值得信赖的企业"的愿景定位，以及"多快好省"的经营理念。

（3）建立统一的企业文化氛围和工作环境。企业愿景就像宗教教义一样，为全体成员树立职业追求的终极目标，同时，愿景还有助于在企业内部形成统一的价值理念和文化氛围，让组织成员把企业当成自己的家。

（4）通过集中地表达，使员工认识企业目标和发展方向，防止他们在不明白企业目标和方向的情况下参与企业活动。企业经营最大的内耗在于内部员工不清楚公司的目标，不清楚部门的目标和自己的目标，各自使力的方向不统一，因而造成极大的浪费。愿景可以很好地帮助企业规避这一困惑，就如共产党人当年提出的"打土豪，分田地"。虽然在战争年代会遇到这样那样的问题，但这一愿景总是能帮助共产党人团结广大的劳苦大众，为取得全国解放奠定坚实的基础；又如党的十八大提出的"中国梦"，它既是国家的梦，也是民族的梦，同时又是人民的梦，它是过去的，是现在的，也是未来的梦，正因为有了"中国梦"，共产党人才能带领全国人民实现民族复兴、国家兴旺、人民幸福；再如党的十九大报告中提出的"坚持和平发展道路，推动构建人类命运共同体"，将中华民族的愿景提升到全人类的层面，我们在谋求本国发展的同时，也要促进世界各国共同发展，这体现了共产党人的伟大胸襟。

国家如此，企业也是一样的。从早期华为提出的"在电子信息领域实现顾客的梦想，并依靠点点滴滴、锲而不舍的艰苦追求，使我们成为世界级领先企业"到现在的"构建万物互联的智能世界"可以看得出来，随着华为产品线从程控交换机到传输设备、数据通信设备、宽带多媒体设备、电源、无线通信设备、微电子产品、软件、系统集成工程、计算机及配套设备、终端设备及相关通信信息产品、数据中心机房基础设施及配套产品等的不断丰富，以及企业市场规模的扩张，华为的愿景也在不断升华。

我们再来看看阿里巴巴。1999年9月马云带领18位创始人创办阿里巴巴。阿里巴巴一开始就提出了"让天下没有难做的生意"的企业使命，以及"活102年""幸福指数最高的企业""分享数据的第一平台"的愿景。正是在这样伟大使命和愿景的激励下，在一代代阿里人的坚持下才有了今天的阿里商业帝国版图。

（5）有助于目标转化为工作的组织结构，以及向企业内部各责任单位分配任务。有了清晰的愿景，更加有利于企业内部组建高效的流程和组织体系，有利于明确各部门的使命和职责，有利于各部门全力以赴地实现企业赋予的目标。

（6）使企业的经营目标具体化，以便使成本、时间、质量、效率等绩效参数得到评估和控制。企业经营的核心在于用最小的投入获得最大化的收益。伟大的愿景可以让员工不计得失，以饱满的热情完成企业经营目标，这时候企业整体运营成本是最低的，大家耳熟能详的海底捞就是一个最好的例子。

（二）战略分析：认清环境

愿景为企业描述了未来的发展场景，有了清晰的愿景描述（我们要成为什么？我们将向哪里去？未来会成为什么样子）之后，企业还必须客观分析面临的经营环境，认清自身所处的位置，而这就是本书接下来要阐述的企业战略分析。

因为，"在任何场合，企业的资源都不足以利用它所面对的所有机会或回避它所受到的所有威胁。因此，战略基本上就是一个资源配置的问题。成功的战略必须将主要的资源用于最有决定性的机会"，威廉·科恩说。

通常情况下，企业经营环境分析主要有两个维度，即外部环境分析和内部环境分析。

（1）外部环境分析，即通过收集和分析企业外部经济、社会、文化、人口、环境、政治、法律、政府、政策、技术和竞争等信息，确定企业所面临的机会和威胁。

（2）内部环境分析，即通过收集和分析企业内部有关管理、市场营销、财务管理及投（融）资、生产制造、供应链管理、产品研发、品质管控、人力资源、企业文化、核心价值链优化等方面的信息，确定企业最重要的优势和劣势。

（三）战略定位：寻找目标

企业在对外部环境和内部环境进行客观分析之后，还需要将分析的结果用SWOT矩阵进行归集和再分析，为企业进行战略定位提供依据。

根据企业的SWOT分析结果，我们就可以确定战略选择的方向。通常情况下，企业会有很多选择：前向一体化、后向一体化、横向一体化、多元化、并购、剥离等，都是可能的选择之一。当然，企业还可以进行战略组合选择，但究竟是选择单一战略还是组合战略，这需要评估企业自身的资源状况，因为没有一家企业能够拥有足够的资源来选择和实施对其有益的所有战略。

弗雷德·R·戴维教授在《战略管理》（第10版）一书中将企业可以选择的战略分为4大类：一体化战略、加强型战略、多元化战略、防御型战略。其中，一体化战略分为前向一体化战略、后向一体化战略和横向一体化战略；加强型战略分为市场渗透战略、市场开发战略和产品开发战略；多元化战略分为集中多元化战略、横向多元化战略和混合多元化战略（又称无关多元化）；防御型战略分为收缩战略（重组战略、扭转战略）、剥离战略和清算战略。

另外，对于企业战略的分类和选择，迈克尔·波特在 20 世纪 80 年代的战略三部曲：《竞争战略》《竞争优势》《国家竞争优势》中提到，各种战略使企业获得竞争优势的 3 个基本点是：成本领先、差异化、专一经营。通常，我们也把波特的这一思想称之为"一般性战略"。

1. 成本领先战略

成本领先战略也称为低成本战略，是指企业通过有效途径降低成本，使企业的全部成本低于竞争对手的成本，甚至是同行业中最低的成本，从而获取竞争优势的一种战略。根据企业获取成本优势的方法不同，我们把成本领先战略概括为如下 5 种主要类型。

（1）简化产品型成本领先战略。使产品简单化，即将产品或服务中添加的花样全部取消。

（2）改进设计型成本领先战略。通过设计及工艺改进，大幅度降低研发和制造成本，从而获得战略成功。

（3）材料节约型成本领先战略。通过引进新材料，节约材料成本，从而获得竞争优势。

（4）人工费用降低型成本领先战略。

（5）生产创新及自动化型成本领先战略。通过生产模式的创新，以及自动化、信息化水平的提升，节省成本，获得成功。如深圳比亚迪公司为了提升工作效率，降低生产成本，通过大量引进机械手改进生产工艺和提高自动化水平，取得了巨大的成功。

2. 差异化战略

差异化战略就是将企业提供的产品或服务差异化，形成一些在全产业范围内具有独特性的优势。差异化战略可以通过以下手段和途径去实现。

（1）追求产品品质的优异化，创造独家所有，确保市场占有率低而投资回报率高。

（2）追求产品专利权的差异化，以专利保护技术创新，以此区隔市场。

（3）追求产品创新力的优异化，技术第一，是最先进的产品。如苹果、格力等都是追求技术创新和极致产品的典范。

（4）追求产品周边服务的优异化，创造特性和附属性功能。

（5）追求售前和售后服务的优异化。

（6）追求品牌的优异化，强调产品的品牌诉求。

3. 专一经营战略

专一经营战略也称集中化战略、目标集中战略等。它是指主攻某一特殊的客户群、某一产品线的细分区段或某一地区市场。

企业专一化经营战略的确定需要满足以下条件。

（1）拥有特殊的受欢迎的产品。

（2）开发了专有技术。

（3）不渗透的市场结构。

（4）不易模仿的生产、服务以及消费活动链。

（四）竞争战略：锁定目标

通过前面提到的战略分析和战略定位，企业已经对自身所处的经营环境（外部环境、内部环境）有了全面的认知，同时也确定了需要进入的产业、区域、市场，明确了自己的客户和产品选择，当然，企业可以像格力电器一样选择专一经营战略（空调）；也可以像美的一样选择一体化甚至多元化战略（家电、物流、地产）。可以像茅台一样选择"一品为主，多品开发，做好酒文章，一业为主，多种经营，走出酒天地"；也可以像五粮液一样选择"一业为主，多元发展"……无论如何，企业最终究竟该选择什么样的战略，这与企业拥有的资源、所处的行业、宏观及微观环境、愿景及战略意图等因素都有很大的关联性。

很多企业在进行战略规划的时候，往往会有这样的误区，觉得有了战略选择就完成了战略的规划工作。其实不然，仅有了战略选择还不够。因为企业战略的实现是在一个复杂、多变的环境中完成的，战略选择后，企业还需要确定和锁定主要竞争对手，只有这样才能保证战略的实现，这就是我们通常所说的竞争战略。

竞争战略的确定需要秉承"锁定法则"。具体地说，就是要确定谁是主要竞争对手，找准重点、锁定目标，切不可草木皆兵，把所有的同行企业都当成自己的对手。

清晰并成功地锁定竞争对手之后，企业就要采取出其不意、攻其不备等策略，确定自己的竞争战略。一般来讲，企业的竞争战略包括基础竞争（如规范化管理竞争）、条件竞争（如资源竞争）、市场竞争、人力资源竞争、标杆竞争（如学习竞争）、差异化竞争（如创新竞争、产品竞争）、无差异竞争（如价格竞争）等。

（五）职能战略：分解目标

彼得·德鲁克曾经说过：经营目标可以被比作轮船航行用的罗盘。罗盘是准确的，在实际航行中，轮船也可能偏离航线很远；然而如果没有罗盘，航船既找不到它的港口，也不可能估算达到港口所需要的时间。

可见目标对于企业战略实施和经营的重要性，没有目标的战略不能称之为战略，没有目标的企业就如脚踩西瓜皮，踩到哪里算哪里。

企业在进行战略实施的过程中，还需要对目标进行分解，比如新产品研发、生产制造及供应链、市场营销、财务投资、人力资源等，这就是我们通常所说的职能战略。

弗雷德.R·戴维教授认为，企业在职能战略确定和目标分解的过程中必须关注如年度经营计划、制定政策、企业改组和流程再造、调整现行组织结构、优化员工激励计划、实施管理变革、提升管理者对战略的适应能力、培训支持新战略的企业文化、调整生产作业过程、发展有效的人力资源功能等管理问题。同时，还需要关注市场营销（包括品牌管理、媒介策略、市场细分、产品定位、销售管理、促销活动、价格管理等）、财务管理（包括资金管理、预算管理、会计核算等）、研究与开发（新产品市场研究、产品规划、新产品开发、新产品发布、新产品生命周期管理等）、信息系统管理等问题。

另外，企业在进行职能战略规划的时候一定要遵循针对法则（即针对战略目标和业务战略规划职能建设），避免出现职能部门各自为政的现象。

通过前面对愿景描述、战略分析、战略定位、竞争战略、职能战略的系统地介绍，大家对企业发展战略规划有了一个基本的概念，但发展战略要想落地还需要详细制定年度经营计划。

通过图 3-1 可以看出，任何企业都会面临从"初创—成长—成熟—衰退"这样的生命周期循环（Enterprise Life Cycle）。成功的企业这个循环周期可能达到上百年，甚至数百年；失败的企业可能短短几年，甚至更短就草草结束自己的生命。原因何在呢？我们可以看到，决定企业生命周期长

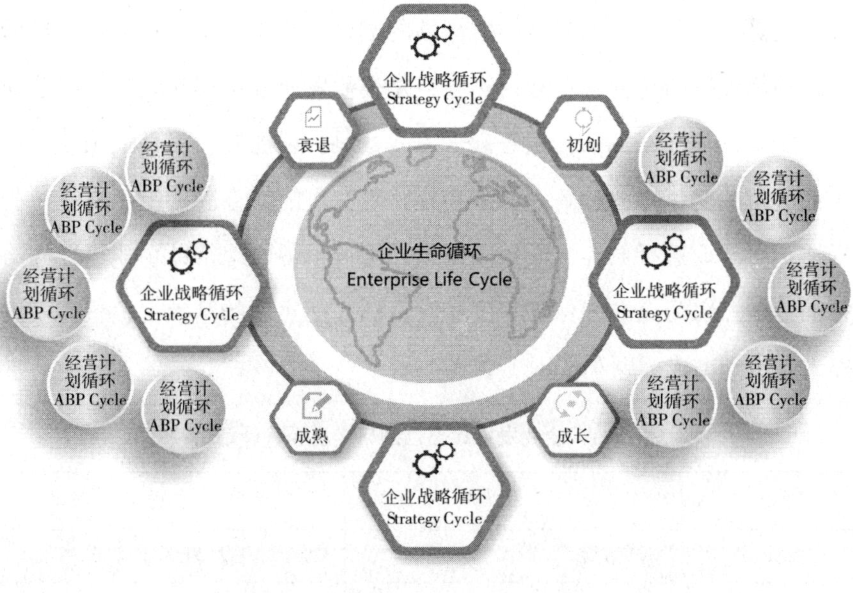

图 3-1　企业经营"三大循环"理论

短的因素是企业战略循环（Strategy Cycle），企业只有保证每一个战略循环都是稳健的、成功的，才能保证生命周期无限拉长，而决定企业战略循环是否成功的外围因素则是年度经营计划循环（Annual Business Plan Cycle，简称 ABP Cycle）。

（六）年度经营计划：实现梦想

企业发展战略是解决企业在未来需要达到的目标以及实现目标的业务规划、职能规划、核心能力规划等相关工作的总和。

对于企业而言，发展战略决定了企业的发展方向、经营范围、价值链选择、业务蓝图、竞争手段等一系列决策性的问题，因此战略问题解决了，就可以保证企业去做正确的事情。

而年度经营计划是企业在战略期内某一个特定的经营年度需要实现的目标以及实现这些目标需要开展的相关工作的总和，因此年度经营计划作为企业发展战略落地和实现的重要手段，对企业战略的实现至关重要。

年度经营计划既是企业中长期发展战略规划在特定经营年度的构成部分，也是对企业中长期发展战略规划的细化，制定科学合理的年度经营计划，并保证按照年度经营计划实施，是企业发展战略实现的保障和基础。

企业发展战略的实现过程就像是一场马拉松比赛，漫长而艰苦。如果不能进行战略目标的分解和分步实施，很有可能就会因为组织成员认为目标遥不可及而选择放弃，而年度经营计划可以很好地帮助企业进行战略目标的分解。因为企业在保证年度经营目标都能实现的基础上，整体发展战略就会水到渠成、顺利实现（表 3-1）。

表 3-1　企业发展战略规划与年度经营计划比较

比较维度	发展战略规划	年度经营计划
问题侧重	规划未来	业绩合同
时间跨度	未来 3~5 年，甚至更长	第二年

续表

比较维度	发展战略规划	年度经营计划
计划目标	战略目标（包括长期及规划期内）	第二年的目标
计划内容	确定愿景、业务战略、职能战略，思考在未来什么时间改变以及如何改变的选择，优化成本结构，实现持续高回报，创造卓越价值	从战略举措入手，确定特定年度的经营目标，并确定目标实现的计划以及执行这些计划的详细步骤和行动、资源投入、责任人
核心工作	战略规划、战略实施、战略评价	年度经营规划、年度经营计划实施平台建设、年度经营计划实施、年度经营计划实施评价与衡量
财务角度	重点在于价值创造	重点在于业绩衡量及管控
主要责任人	董事会、战略管理委员会、企业高层	战略管理委员会、企业高层、企业中层

二、绘制战略地图

企业发展战略和年度经营计划确定后，为了让员工更加清晰地了解企业的战略设想及年度经营重点，通常我们会将其绘制成战略地图。由美国管理专家罗伯特·S.卡普兰、戴维·P.诺顿提出的战略地图（Strategy Map）为企业全面描述发展战略和年度经营计划提供了帮助，有利于管理者和员工共同认识发展战略和年度经营计划。

（一）战略地图的基本构成

罗伯特·S.卡普兰、戴维·P.诺顿提出的战略地图通常由4个层面构成，分别为财务层面、顾客层面、内部流程层面、学习与成长层面。这4个层面要求企业经营必须围绕4个核心问题展开。

1. 财务层面：要使我们的股东满意，我们须达成什么样的财务目标

以财务为核心，就是在业绩评价过程中，要从股东及出资人的立场出发，树立"企业只有满足投资人和股东的期望，才能取得立足与发展所需要的资本"的观念。

财务层面是其他 3 个层面的出发点和平衡点，更是发展战略和年度经营计划的归宿。财务目标是战略地图的焦点，它告诉企业管理者他们的努力是否对企业的经济收益产生了积极的作用，企业的发展战略和年度经营计划的实施和执行是否正在为最终经营结果的改善做出贡献。

2. 顾客层面：要达成我们的财务目标，我们需满足怎样的客户需求

为了完成财务指标，企业应该进行有效的市场细分，找到自己的目标客户群体，针对目标客户确定适当的市场目标，关键在于明确公司的现有客户群体和潜在客户群体。客户对产品的满意度和市场占有率的实现情况是完成公司财务目标的主要途径。

以客户为核心的思想，应充分体现出"客户造就企业"（彼德·德鲁克，1990）的经营理念。因为企业成果的获得不取决于企业内部的任何人，也不取决于企业内部能够控制的任何事情，而是由企业外部条件所决定。在市场经济条件下，企业的成果取决于客户，即由客户决定企业的努力是转化为成果还是白白地耗费资源。以顾客为核心所设计的战略地图包括以下 5 个方面：市场占有率、顾客的获得、顾客的保持、顾客满意度及顾客获利能力，且每一方面都有其特定的衡量指标。顾客因素在战略地图中占有重要地位，因为如果无法满足或达到顾客的需求时，企业的愿景及目标是很难实现的。

3. 内部流程层面：要使我们的客户和股东满意，我们需在哪些内部运作及流程上超越他人

战略地图认为，所有顾客的满意和财务目标的实现，主要归功于企业内部运作的高效和有序。我们试想一下，如果没有内部完善的运作流程，怎么能谈得上为客户提供及时、准确的服务，又如何能快速、高效地将企业的产品推向市场并让消费者认同呢？

所以说，关注导致企业整体绩效更好的流程、决策和行动，特别是对顾客满意度有重要影响的企业过程，如内部运作效率、成本降低、质量和服务水平进一步提高、生产流程优化和周期缩短、新品开发速度等，将会在很大程度上决定企业在激烈的竞争中是否真正占有主导地位。

也就是说，企业要通过内部运作达到超越竞争对手的目的，使自己的产品质量更高、成本更低、交期更有保证、服务更可靠，将内部整体运作绩效变为企业的核心竞争力。

4. 学习与成长层面：要达成企业目标，组织的成员需如何学习与成长

企业需要根据战略要求和经营重点，随时打造符合企业战略要求的员工队伍。通常来讲，一旦企业的战略重点发生调整，企业的运作模式、组织流程就会随之而发生调整，相应地，也就对员工队伍的知识结构、技能水平提出了更高的要求。正所谓：兵马未动，粮草先行。企业应该在战略调整之前就着手打造符合战略要求的员工队伍。

（二）如何绘制战略地图

企业根据战略需要及年度经营重点，可以按照图 3-2 企业战略地图框架将战略重点及年度经营策略分门别类地进行汇总，最终形成企业的年度战略地图。

1. 确定股东价值期望（财务层面）

通常情况下，股东价值期望有几种表达方式，可能是利润增加，也可能是销售增长（如老产品销售增加、新产品销售增加、老客户销售增加、新客户销售增加、投资收入、新业务收入等），可能是成本控制（如研发成本控制、制造成本控制、财务费用控制、管理费用控制等），也可能是稳健运营、风险控制、市值管理、预算控制等。

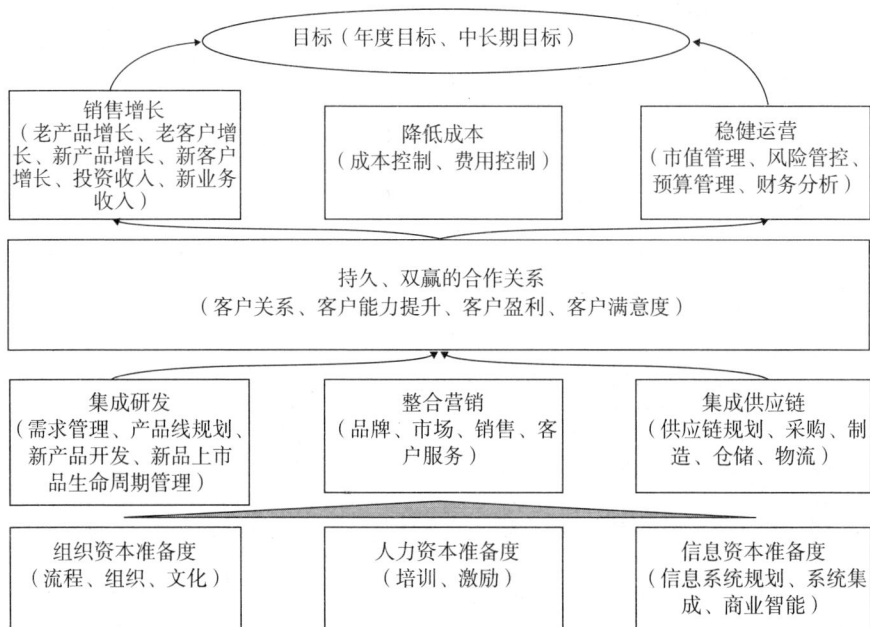

图 3-2　企业战略地图框架

2.定义客户价值主张（客户层面）

实现股东价值期望，需要对客户进行分析，调整客户价值主张。

通常情况下，客户价值主张主要有如下 4 种。

（1）总成本最低。这种客户价值主张简单，一目了然，那就是企业要通过提升流程效率、压缩费用、降低成本等手段，使企业的整体运营成本最低化，进而满足客户需求。

（2）产品创新和领先。这种客户价值主张不要求企业一味地压缩成本，而要求企业通过不断创新，为客户提供持续具有竞争力的产品和服务。

（3）提供全面客户解决方案。这种价值主张的客户需求已经不是简单的产品或产品组合，客户需要的是全方位的解决方案。

（4）系统锁定。这种客户价值主张看重的不单单是产品本身或解决方案本身，它需要的是对企业全方位的评价和衡量，以确保企业能够长期、稳定地提供产品或服务。

3.确定战略主题（内部流程层面）

要找出关键的流程，确定企业短期、中期、长期要做什么事。对一般企业而言，通常有 3 类流程至关重要，分别为集成研发（包括市场调研、产品线规划、产品定义、产品开发、开发验证、新品上市、产品迭代与生命周期管理等）；整合营销（包括品牌宣传、市场推广、客户开发、订单管理、客户服务等）；集成供应链（包括供应商开发与评价、生产计划、采购实施、制程管理、仓储物流、工艺创新、品质控制、设备管理等）。

4. 提升战略准备度（学习和成长层面）

分析企业现有无形资产的战略准备度，具备或者不具备支撑关键流程的能力。如果不具备，找出办法来予以提升，企业无形资产分为 3 类：组织资本、人力资本、信息资本。

【案例 3-1】中山某照明企业 2018 年度战略地图

中山某照明企业是一家专门从事 LED 照明器件的制造型企业，以下是该企业在制定 2018 年度经营计划时绘制的 2018 年度战略地图。

图 3-3 显示，该企业 2018 年销售提升的 4 项关键策略分别为：①重点开发超级大客户；②突破功能类重点客户；③进入汽车光源市场；④探索进入白色家电领域。同时保证企业稳健运营的策略也有 4 项，分别为：①提升生产效率；②降低采购成本；③控制制造费率；④稳定存货周转。

从客户角度该企业也提出了 2 项具体策略，分别为：①开发专业分销渠道，规范渠道管理体系；②快速响应客户需求，提升客户满意度。

另外，该企业还从内部流程，包括以市场为导向的产品研发体系（开发拳头产品、汽车光源产品开发 2 项）、客户为导向的营销体系（聚焦重点行业进行市场调研和推广、构建大客户销售及行业细分销售模式 2 项），以及快速响应的内部运营体系（推行月度销售预测机制、订单评审响应机制、采购下单响应机制 3 项）3 个维度分别规划了 2018 年需要实施的关键策略。

最后，为了保证策略顺利落地，同时做到未雨绸缪，该企业还从信息资本准备度（OA 和 ERP 子系统建设）、组织资本准备度（导入有效的年度经营计划制定及动态管理模式、关键领域流程优化与流程运行监督评价机制 2 项 ）、人力资本准备度等内部学习与成长层面（关键岗位人才引入、培养和激励，建立以目标和结果为导向的客观公正的绩效评价和激励机制 2 项 ）的策略进行了详细规划。

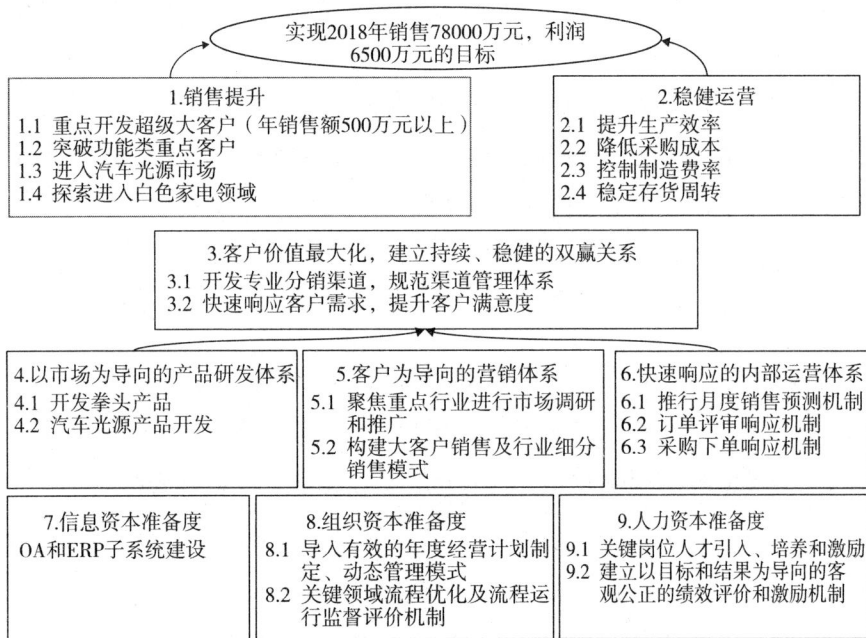

图 3-3　中山某照明企业 2018 年度战略地图

（三）　平衡计分卡与绩效指标识别

战略地图可以有效地帮助企业建立系统的大局意识和年度经营思维，从财务角度入手，引导企业从顾客、内部流程、员工学习与成长 3 个层面进行策略规划与落地。为了直观衡量战略地图 4 个层面的问题，罗伯特·S. 卡普兰、戴维·P. 诺顿又提出了平衡计分卡理论。他们认为企业通常可以从以下 4 个层面对发展战略及年度经营计划进行评价与衡量（表 3-2）。

表 3-2 平衡计分卡不同层面衡量维度与指标

战略地图层面	评价维度及衡量指标
财务层面	（1）盈利性（营业收入、收入趋势、投资回报率、经济附加值等） （2）流动性（现金流量、现金流量趋势、利息保障倍数、资产周转率、存货周转率、坏账比率等） （3）销售（年度销售收入、主要产品销售额、新产品销售额、销售趋势、销售预测准确率、来客户销售额、新客户销售额、投资收入、新业务收入等） （4）市场价值（股票价格、市盈率、无形资产价值、品牌价值等） ……
顾客层面	（1）产品功能（具有竞争力的价格、优良的质量、购买便捷、准时提交产品等） （2）产品优势（出色的产品功能、产品技术附加值、新产品等） （3）客户服务（融洽的客情关系、完整的解决方案、出色的服务、个性化的需求满足、较高的客户满意等） ……
内部流程层面	（1）流程运作速度（快速响应、供货周期、产品开发速度等） （2）流程运作质量（产品质量、服务质量、工作质量等） （3）流程运作成本（制造成本、人工成本、营销费用、财务费用等） ……
学习与成长层面	（1）人力资本：外部获取（招聘、合作、外脑引进等）、内部开发（培训、技能提升、优化、接班人计划等）、员工满意度、员工激励 （2）组织资本：组织创新（制度、管理、服务、技术、标准的创新）、企业文化 （3）信息资本：信息化规划、信息管理成熟度、信息系统导入与集成、商业智能与经营驾驶舱 ……

【案例 3-2】中山某照明企业 2018 年度战略绩效指标（KPIs）规划（表 3-3）

表 3-3 中山某照明企业 2018 年度战略绩效指标（KPIs）规划

战略主题		KPIs
一级主题	二级主题	
实现 2018 年销售目标 78000 万元，利润 6500 万元		年度销售收入
		年度利润总额
1. 销售提升	1.1 重点开发超级大客户（年销售额 500 万元以上）	新增超级大客户数量
		超级大客户销售额
	1.2 突破功能类重点客户	功能类客户开发数量
		功能类客户销售额
	1.3 进入汽车光源市场	汽车光源客户签约个数
		汽车光源客户送样成功个数
	1.4 探索进入白色家电领域	白色家电领域年度销售额

战略主题		KPIs
一级主题	二级主题	
2. 稳健运营	2.1 提升生产效率	产能利用率
	2.2 降低采购成本	核心材料占销售收入的比率
	2.3 控制制造费率	单位小时人工费
	2.4 稳定存货周转	原材料存货周转率
3. 客户价值最大化，建立持续、稳健的双赢关系	3.1 开发专业分销渠道，规范渠道管理体系	专业分销团队成立时间
	3.2 快速响应客户需求，提升客户满意度	大客户验厂一次合格率
		打样周期
		订单 5 天达交率
		客户满意度
4. 以市场为导向的产品研发体系	4.1 开发拳头产品	拳头产品开发完成时间
		拳头产品销售收入
	4.2 汽车光源产品开发	汽车光源产品开发完成时间
5. 以客户为导向的营销体系	5.1 聚焦重点行业进行市场调研和推广	重点行业市场调研报告输出时间
	5.2 构建大客户销售及行业细分销售模式	前 10 大渠道客户销售额占比
6. 快速响应的内部运营体系	6.1 推行月度销售预测机制	月度销售预测准确率
	6.2 订单评审响应机制	订单评审周期
	6.3 采购下单响应机制	重点物料采购周期
7. 信息资本准备度	OA 和 ERP 子系统建设	OA 系统正式上线时间
		ERP 系统实施有效性评价
8. 组织资本准备度	8.1 导入有效的年度经营计划制定、动态管理模式	各部门 KPIs 达成率
		各部门关键事项达成率
	8.2 关键领域流程优化及流程运行监督评价机制	年度流程优化计划达成率
		公司一级流程有效运营率
9. 人力资本准备度	9.1 关键岗位人才引入、培养和激励	关键岗位员工空缺率
		关键岗位员工适岗率
	9.2 建立以目标和结果为导向的客观公正的绩效评价和激励机制	绩效管理体系实施有效性评价
		员工激励体系有效性评价
		员工满意度

（四、战略绩效指标责任分解

　　根据平衡计分卡识别出每项战略主题对应的 KPIs 之后，企业还需要对每项 KPIs 对应的责任主体进行识别。根据经验，KPIs 对应的责任主体可能是公司，也可能是某个事业部或者部门，还可能是某个关键岗位；同时，一项 KPIs 可能只有一个责任主体，也可能有多个责任主体，这需要根据不同的 KPIs 区别对待，为了让读者更清楚地理解战略绩效指标的责任分解，还是继续以【案例 3-1】为例说明。

【案例 3-3】中山某照明企业 2018 年度战略绩效指标（KPIs）责任分解（表 3-4）

表 3-4　中山某照明企业 2018 年度战略绩效指标（KPIs）责任分解

战略主题		KPIs	总经理	销售部	研发部	采购部	生产部	工程部	财务部	人资部
一级主题	二级主题									
实现 2018 年销售目标 78000 万元，利润 6500 万元		年度销售收入	√							
		年度利润总额	√							
1. 销售提升	1.1 重点开发超级大客户（年销售额 500 万元以上）	新增超级大客户数量		√						
		超级大客户销售额		√						
	1.2 突破功能类重点客户	功能类客户开发数量		√						
		功能类客户销售额		√						
	1.3 进入汽车光源市场	汽车光源客户签约个数		√						
		汽车光源客户送样成功个数		√						
	1.4 探索进入白色家电领域	白色家电领域年度销售额		√						
2. 稳健运营	2.1 提升生产效率	产能利用率					√			
	2.2 降低采购成本	核心材料占销售收入的比率				√				
	2.3 控制制造费率	单位小时人工费					√	√		
	2.4 稳定存货周转	原材料存货周转率					√	√		
3. 客户价值最大化，建立持续、稳健的双赢关系	3.1 开发专业分销渠道，规范渠道管理体系	专业分销售团队成立时间		√						√
	3.2 快速响应客户需求，提升客户满意度	大客户验厂一次合格率					√			
		打样周期			√					
		订单 5 天达交率		√		√	√			
		客户满意度	√	√	√	√	√	√		

续表

战略主题		KPIs	总经理	销售部	研发部	采购部	生产部	工程部	财务部	人资部
一级主题	二级主题									
4. 以市场为导向的产品研发体系	4.1 开发拳头产品	拳头产品开发完成时间			√					
		拳头产品销售收入		√						
	4.2 汽车光源产品开发	汽车光源产品开发完成时间			√					
5. 客户为导向的营销体系	5.1 聚焦重点行业进行市场调研和推广	重点行业市场调研报告输出时间		√						
	5.2 构建大客户销售及行业细分销售模式	前10大渠道客户销售额占比		√						
6. 快速响应的内部运营体系	6.1 推行月度销售预测机制	月度销售预测准确率		√						
	6.2 订单评审响应机制	订单评审周期		√						
	6.3 采购下单响应机制	重点物料采购周期				√				
7. 信息资本准备度	OA 和 ERP 子系统建设	OA 系统正式上线时间								√
		ERP 系统实施有效性评价						√		
8. 组织资本准备度	8.1 导入有效的年度经营计划制定、动态管理模式	各部门 KPIs 达成率	√	√	√	√	√	√	√	√
		各部门关键事项达成率	√	√	√	√	√	√	√	√
	8.2 关键领域流程优化及流程运行监督评价机制	年度流程优化计划达成率	√	√	√	√	√	√	√	√
		公司一级流程有效运营率	√	√	√	√	√	√	√	√

战略主题		KPIs	总经理	销售部	研发部	采购部	生产部	工程部	财务部	人资部
一级主题	二级主题									
9.人力资本准备度	9.1 关键岗位人才引入、培养和激励	关键岗位员工空缺率								√
		关键岗位员工适岗率	√	√	√	√	√	√	√
	9.2建立以目标和结果为导向的客观公正的绩效评价和激励机制	绩效管理体系实施有效性评价								√
		员工激励体系有效性评价								√
		员工满意度								√

五、战略绩效指标定义

（一）常用的 KPIs

不同企业每年确定的关键经营策略是不同的，即便是同一家企业不同年度的经营策略也会发生改变。相应地不同经营策略对应的 KPIs 也就随之发生改变了，因此很难确定一家企业固定有哪些 KPIs。根据经验，我们把企业常用的战略绩效指标归结为如表 3-5 所示。

表 3-5 企业常用 KPIs

战略地图	一级战略主题	二级战略主题	对应 KPIs
财务层面	销售增长	老产品增长、老客户增长、新产品增长、新客户增长、投资收入、新业务收入	老产品销售收入、老客户销售收入、新产品销售收入、新客户开发数量、新客户销售收入、投资收入、新业务收入
	降低成本	成本控制、费用控制	单位制造成本下降率、单位研发成本下降率、万元收入销售费用、人均工资
	稳健运营	市值管理、风险管控、预算管理、财务分析	公司市值、经营风险控制、预算覆盖率、预算准确性、财务分析有效性、净资产收益率、总资产周转次数
顾客层面	持久、双赢的合作关系	客户关系、客户能力提升、客户盈利、客户满意度	客户满意度、客户盈利水平
内部流程层面	集成研发	需求管理、产品线规划、新产品开发、新品上市、产品生命周期管理	新品研发绿线图发布日期、新品开发计划达成率、产品平均生命周期
	整合营销	品牌、市场、销售、客户服务	品牌知名度、品牌忠诚度、品牌美誉度、市场推广有效性、促销活动有效性、客户开发计划达成率、客户投诉次数
	集成供应链	供应链规划、采购、制造、仓储、物流	合格供应商数量、采购计划达成率、采购齐套率、生产计划达成率、物流计划达成率
学习与成长层面	组织资本准备度	流程、组织、文化	流程建设计划达成率、组织温度、组织体系有效性评价
	人力资本准备度	培训、激励	关键岗位适岗率、关键岗位空缺率、员工满意度（激励体系）
	信息资本准备度	信息系统规划、系统集成、商业智能	信息系统开发计划达成率、信息系统宕机次数

（二）为什么要进行 KPI 定义

对战略绩效指标定义的目的主要有 3 个：

（1）通过指标定义，使指标相关者更加了解该指标的来源、考核目的和达成指标要求的努力方向，便于指标的落实与达成。

（2）通过指标定义，反过来验证企业战略目标分解的充分性、科学性和适宜性，以及目标指标化工作的有效性。

（3）通过指标定义，使企业在未来实施指标考核的时候，数据统计口径一致，避免因考核者与被考核者对指标理解存在偏差而导致的工作效率低下和考核责任的不清。

（三）如何进行 KPIs 定义

根据平衡计分卡确定了企业 KPIs 之后，还需要对每个 KPIs 进行定义。所谓定义是指对事物做出明确的价值描述，也可以理解为对于一种事物的本质特征或一个概念的内涵和外延的确切而简要说明，或者透过列出一个事件或者一个物件的基本属性来描述或规范一个词或一个概念的意义。

需要说明的是，无论是 KPIs，还是 KPIp、KPIo，它们的定义要素是相似的，因此这里就以 KPIs 的定义规则详细说明，以后章节对 KPIp、KPIo 的定义就比较简单了。

根据多年的实践，我们认为要想清晰定义一个 KPIs，必须从以下 15个维度描述。

（1）指标名称。名称是用来识别某一个体或群体（人或事物）的专门称呼，为了避免在企业内部引起误解，指标定义的时候，必须为每个 KPIs指定名称，而且名称要简明扼要，易于理解。

（2）指标编号。为了便于管理，使用 HR 软件或者绩效管理软件的企业，通常需要对指标进行系统编号，一个 KPIs 在企业内部只有唯一编号。

（3）指标来源。不同的 KPI 来源是不同的，其中，KPIs 来源有两个：其一，企业发展战略；其二，企业年度经营计划。KPIp 来源则有 3 个，分别为企业核心业务流程、关键管理流程、辅助流程。KPIo 来源有两个，即部门级 KPIo 来源为部门职能，岗位级 KPIo 来源为岗位职责。

（4）相关部门。是指与每个指标有关系的责任主体。通常情况下，KPIs 可能会有多个责任主体。

（5）指标目的。对指标的内在性质、范围，以及设置指标的目的与意义等方面的内容进行界定和说明，避免理解上的差异。

（6）指标计算公式。清晰界定指标量化评价的方法，一般将完成结果输入公式中就可以产生结果了。

（7）特殊说明。许多备注信息需要在本栏目中阐述清楚或者标明需要参考的相关附件等。

（8）计量单位。常用的指标计量单位有：数量单位（个、次、条、台、分等）、重量单位（千克、吨等）、长度单位（dm、m、km等）、面积单位（m^2、公顷等）、货币单位（元、万元、亿元等）、时间单位（小时、日、月、年等）、比例单位（%、‰、PPM等）。

（9）统计周期。常见的KPIs统计周期有天、周、月、季、半年、年。

（10）指标极性。极性代表判定某项KPIs好坏的方向，指标极性有3种可能：①越大越好；②越小越好；③控制在一定范围之内。比如，产品合格率的指标极性为越大越好，产品不良率的指标极性为越小越好，费用预算控制的指标极性为控制在一定范围之内。

（11）数据输出部门。确定KPIs评价数据是由哪个部门或岗位负责输出的。指标数据输出的常见部门或岗位有：专业管理部门、总经理或副总经理、财务部门、人力资源部门、企管部或由企业专门成立的专查组等。

（12）数据输出时间。数据输出部门输出KPIs对应数据的具体时间，如下月5日、下季度首月10日等。

（13）指标考核周期。因为企业对每个指标的关注程度不同，每个指标涵盖的内容和范围不同，需要对每个指标的考核周期在年初进行充分识别，通常对指标考核周期的描述有月度、季度、半年度和年度4种。

（14）指标考核方法。对指标的考核，可以根据指标性质和企业对该指标的要求，采取不同的考核方法。常见的考核方法有：比率法、层差法、说明法、非此即彼法、加分法、减分法等。

①比率法。按照相应的比率来计算绩效指标成绩的一种方法。计算公式：（A/B）×100%，计算出相应的分数。比如，适用于比率法的KPIs有招聘计划达成率、成品品质不良率、销售目标达成率等。

②层差法。将结果分为几个层次，每个层次对应相应的分数。比如，适用于层差法的KPIs有绩效管理体系有效性评价（可以分为优秀、良好、一般、合格、不合格）、促销效果评价等。

③说明法。采用定性说明指标评价的一种方法。比如，适用于说明法的KPIs有质量体系外审结果等。

④非此即彼法。结果只有两种可能，要么没有完成，要么完成；同样，考核结果也只有两种可能，要么0分，要么满分。通常适用于非此即彼法的KPIs有安全事故次数、审计问题查出次数等。

⑤加分法。加分法通常是对不占权重分数的指标进行考核的一种方法。达到指标期望结果，便可按照事先设定的加分标准进行加分。通常适用于加分法的KPIs有专利申请件事、创新提案个数、降本实施效果等。

⑥减分法。减分法通常也是对不占权重分数的指标进行考核的一种方法。这类指标对应结果在考核期内不一定发生，一旦发生，按照事先设定的减分标准对指标进行减分。适用于减分法的KPIs有员工违反工艺纪律次数、部门业务计划未按期完成项数等。

（15）指标性质。指标性质可以分为定量指标、定性指标两种。企业在定义KPIs的时候，往往会遇到有些指标很难做到量化考核，只能采用定性的方式进行考核，这时候就面临着对定性指标的量化问题，那么如何才能对定性指标进行量化呢？

根据经验，通常先识别影响这个指标的关键因素，然后对这些关键因素进行分级，并赋予一定的权重。在评价该指标的时候，通过对每个关键因素进行等级评价，然后按照对应权重确定该指标的达成状况。企业在对定性KPIs定义的时候，必须对其评价模型进行规划。

【案例 3-4】某公司的 KPIs 定义（见表 3-6、表 3-7）

表 3-6　某公司营业利润定义

指标名称	营业利润	指标编号	CW-KPIs-001
指标来源	公司年度战略地图、年度经营计划	相关部门	各事业部、公司经营委员会
指标目的	提升公司盈利能力，保证公司可持续发展		
计算公式	营业利润 = 营业收入 – 营业成本 – 营业税金及附加 – 期间费用 – 资产减值损失 + 投资收益		
特殊说明	（1）营业收入 = 主营业务收入 + 其他业务收入 （2）营业成本 = 主营业务成本 + 其他业务成本 （3）期间费用 = 销售费用 + 管理费用 + 财务费用 （4）营业利润数据各事业部单独计算		
计量单位	万元	统计周期	月
指标极性	越大越好	数据输出部门	财务管理部
数据输出时间	每月 8 日	指标考核周期	月
指标考核方法	层差法、说明法	指标性质	定量指标

表 3-7　某公司净资产收益定义

指标名称	净资产收益	指标编号	CG-KPIs-002
指标来源	公司年度战略地图、年度经营计划	相关部门	公司经营委员会
指标目的	提升公司运营能力		
计算公式	净资产收益率 = 总资产收益率 × 权益乘数		
特殊说明	（1）总资产收益率 = 销售利润率 × 总资产周转率 （2）权益乘数 =1/（1– 负债总额 / 资产总额）×100%		
计量单位	%	统计周期	天
指标极性	越大越好	数据输出部门	财务管理部
数据输出时间	每月 8 日	指标考核周期	月
指标考核方法	比率法	指标性质	定量指标

第四章

流程绩效指标建立四步法

流程绩效指标来源于企业核心业务流程，根据多年的管理实践，我们将流程绩效指标的建立分为以下 4 个步骤：①业务蓝图及业务流程规划；②业务流程优化与再造；③流程绩效指标识别；④流程绩效指标定义。

一、业务蓝图及业务流程规划

流程是用来确保企业核心业务高效、稳健运营的基础，企业建立流程绩效指标的第一步就需要对核心业务进行统一规划，并绘制出业务蓝图。

（一）如何绘制业务蓝图

业务蓝图是通过对企业业务现状的调研分析，梳理出业务未来的信息流、物流和业务流的处理模型。业务蓝图之前更多地应用于企业信息化规划，而在企业进行业务流程规划之前，也必须按照价值链选择绘制业务蓝图。一般来讲，业务蓝图由 4 个部分构成，分别为企业经营规划（发展战略、年度经营计划）、企业运营衡量（结果指标、过程指标、健康指标）、企业核心业务（营销、研发、供应链等）、企业支持业务（工艺、设备、财务、人力资源、资源管理等）。可以看到，与企业价值链相比，业务蓝图增加了两部分内容，即企业经营规划、企业运营衡量。而恰恰这两部分对于企业而言又是至关重要的，企业经营规划确定方向，而企业运营衡量则从 3 个层面（运营结果、运营过程、运营健康）对企业运营过程进行全方位衡量。

【案例4-1】深圳某信息系统集成企业业务蓝图规划

深圳某信息系统集成企业是一家专门从事信息系统集成，致力于电子、信息、自动化等专业的系统设计、系统集成、系统工程、项目管理等，为各行业提供智能化、信息化、自动化等系统优秀的项目解决方案、优质的系统工程。

从图4-1可以看出，该企业经营规划包括9项核心业务活动（企业发展战略、商业模式、年度经营计划、人力资源计划、技术支持计划、项目交付计划、项目拓展计划、市场拓展计划、年度经营预算）；运营衡量有3类指标，其中运营健康指标（按期回款率、客户满意度）、运营过程指标（质量安全指标、项目准时交付指标、项目毛利率）、运营结果指标（净资产收益率、利润额、主营业务收入、经济附加值）；核心业务有4个阶段，分别为设计与开发（市场调研、需求管理、立项管理、开发与验证、产品推广、生命周期管理、技术支持）、项目拓展（品牌管理、品牌宣传、危机管理、市场管理、市场研究、市场推广、项目开发、渠道开发、商机管理、投标管理、合同评审、商务管理）、项目交付（立项准备、技术交底、项目预算、项目立项、项目准备、项目实施、竣工验收、项目决算）、客户服务（客户投诉管理、客户满意度管理、项目售后维护、后续滚动开发）；支持业务有5类，分别为资源管理（含客户资源、软件资源、监理资源、施工资源、设计资源、物资供应资源、其他智力资源）、品质安全保密（研发品质、项目交付品质、安全管理、体系管理、保密管理）、财务管理（会计核算、费用管理、成本管理、资产管理、资金管理、税务管理、预算管理、财务分析）、基础管理（会议管理、行政后勤、档案与知识管理、公共关系、审计与风控、资质与证照管理、法务管理）、组织流程（企业文化、流程制度、IT与信息化、组织职位、甄选与招聘、培训与发展、绩效与薪酬）。

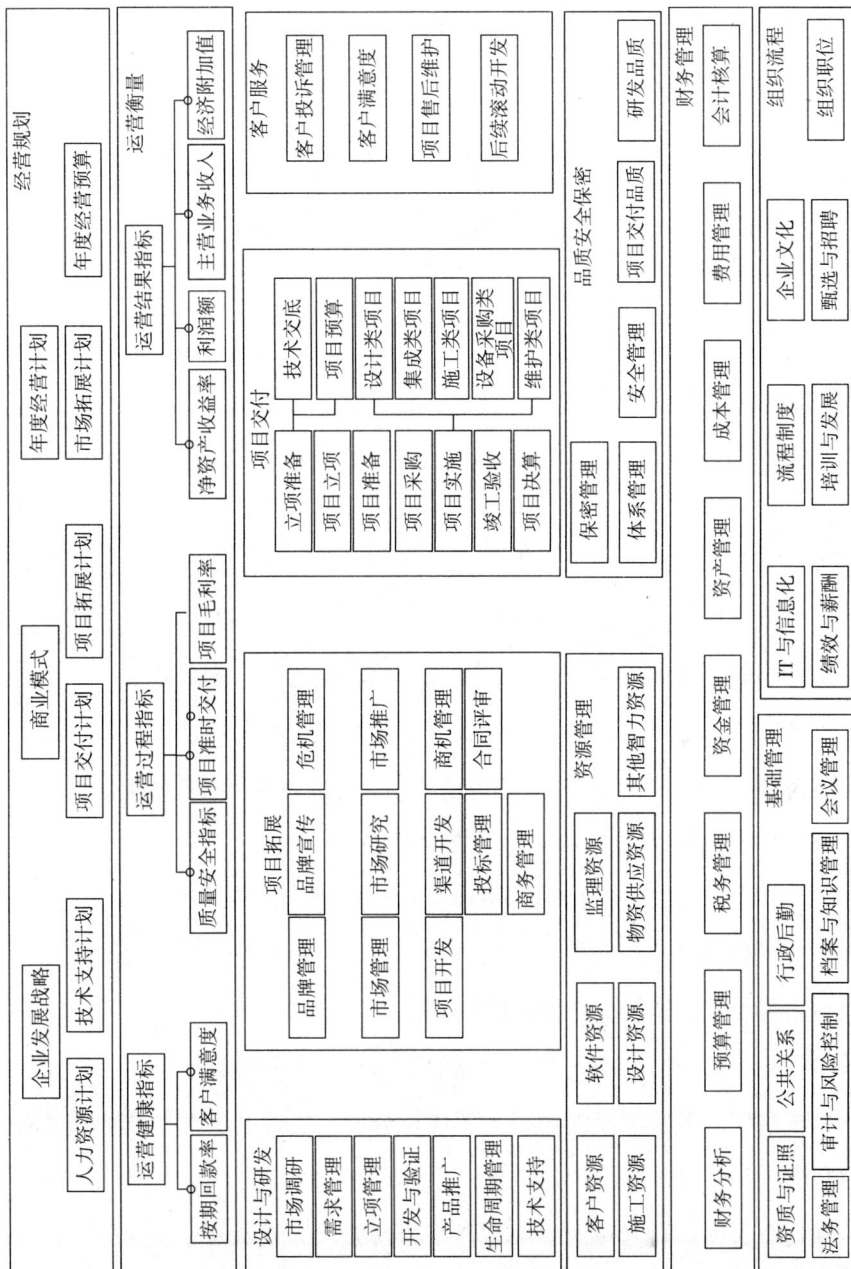

图 4-1 深圳某信息系统集成企业业务蓝图规划

（二）核心业务逻辑分析

业务蓝图规划完成后，为了能够更加完整地规划企业核心业务流程，还需要将企业核心业务细化和展开，找出各项核心业务之间的关系，这就是通常所说的核心业务逻辑分析。

核心业务逻辑分析是在对企业业务蓝图分析的基础上，针对企业业务蓝图中所涉及的每一项核心业务活动进行细化分析，分析每项活动对于企业价值的贡献，以便帮助企业识别增值与非增值业务单元，为企业重新规划流程体系，为流程体系的系统优化与再造提供依据。

核心业务逻辑分析主要包括 3 个环节，即识别核心业务、业务活动分析、业务逻辑分析与优化。

（1）识别核心业务。在企业的经营活动中，每天都在同时运作很多业务，有些业务是增值的，也有很多业务是非增值的，企业核心业务逻辑分析的第一步便是要对现有业务进行全面盘点和梳理。不同类型企业的核心业务是不同的，比如说房地产开发企业的核心业务包括土地获取、产品定位、土地规划与报批报建、土地基础处理、房屋建设、营销策划与实施、物业服务等；而对于一家制造型企业而言，核心业务可能就只有产品研发、市场营销、集成供应链及客户服务。

（2）业务活动分析。结合每项业务活动的绩效表现，利用访谈、问卷调查、现场观察等手段对每项活动进行分析，明确关键活动及增值活动，并识别需要加强、削弱、增加或删除的业务活动。

（3）业务逻辑分析与优化。根据对现有核心业务的系统分析，企业还需要对这些核心业务活动的逻辑关系进行分析，以便确定这些业务活动存在的必要性及先后顺序。

在这里，很多读者可能会问这样一个问题，那就是一家企业的核心业务活动究竟是多些好，还是少些好？这也是我们在帮助企业进行流程优化的过程中经常遇到的问题。

很多管理者会认为，为了把工作做得更加细致，需要在管理和业务环节上增加很多控制点。但这样一来，工作会越来越复杂，工作量也会越来越大，一个部门会裂变出若干个岗位，甚至会分解成若干个部门，企业组织会越来越庞杂，流程也会越来越长，相应的，企业的运作效率也会越来越低。

需要说明的是：企业内部的管理和业务工作并不是越多越好，而是要根据业务的需要恰到好处地设计。特别是互联网时代，企业在做业务分析和布局的时候，通常会采用"做减法"的方式。如固定资产投入做减法，让尽可能多的钱流动起来；产品要做减法，打造让客户尖叫的产品；渠道要做减法，建设扁平化的渠道模式；工厂要做减法，调整大规模生产向柔性化生产；管理层要做减法，砍掉多余的中间层。做减法需要企业简化内部流程，提升效率，以客户需求为导向，最大化地满足客户核心价值主张。

【案例4-2】东北某企业业务蓝图及业务逻辑分析

如图 4-2，该企业核心业务包括市场营销、供应链管理、客户服务和产品开发（灰色部分）。请注意，该企业并不是接到的每个订单都需要进行产品研发，很多订单都是按照标准产品进行生产交付就可以了。这家企业的产品开发有两种：一种是面向订单的开发，另一种是按照产品战略及年度研发计划进行的新产品开发。

为了能够更加清楚地看到该企业 4 类核心业务的逻辑关系，将该企业的市场营销、供应链管理、客户服务和产品开发 4 类核心业务逻辑关系图展示如下（图 4-3～图 4-6）。

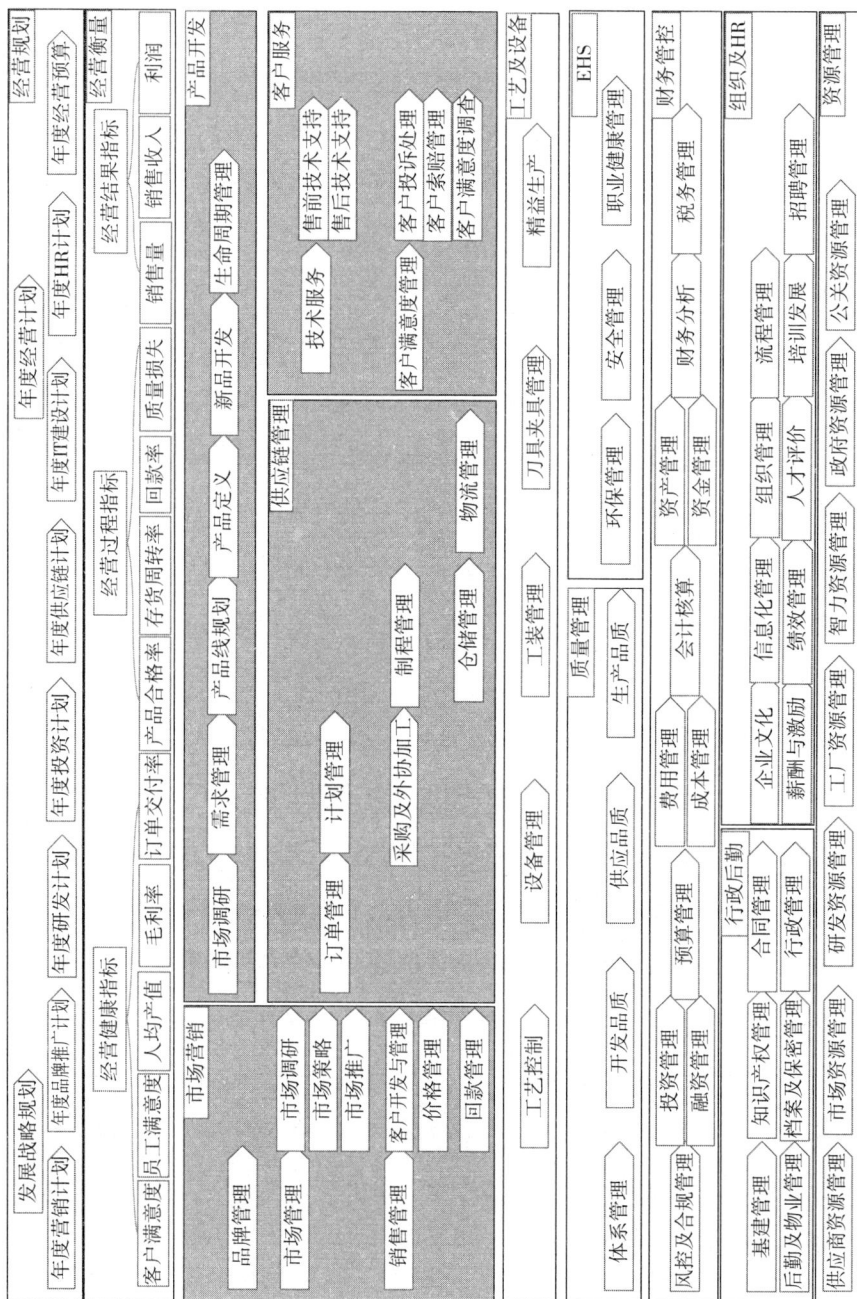

图 4-2 东北某企业业务蓝图

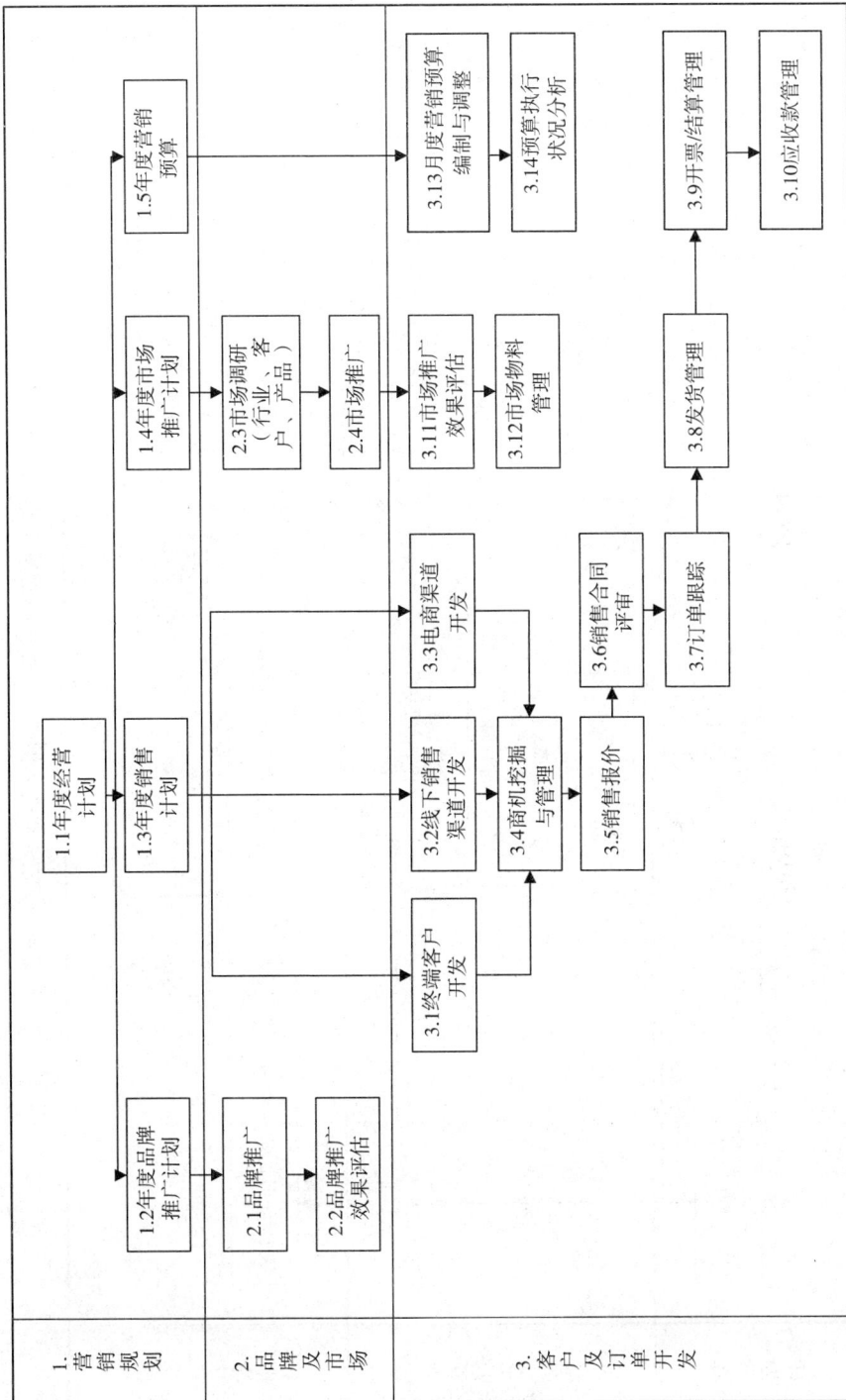

图 4-3 东北某企业市场营销核心业务逻辑关系图

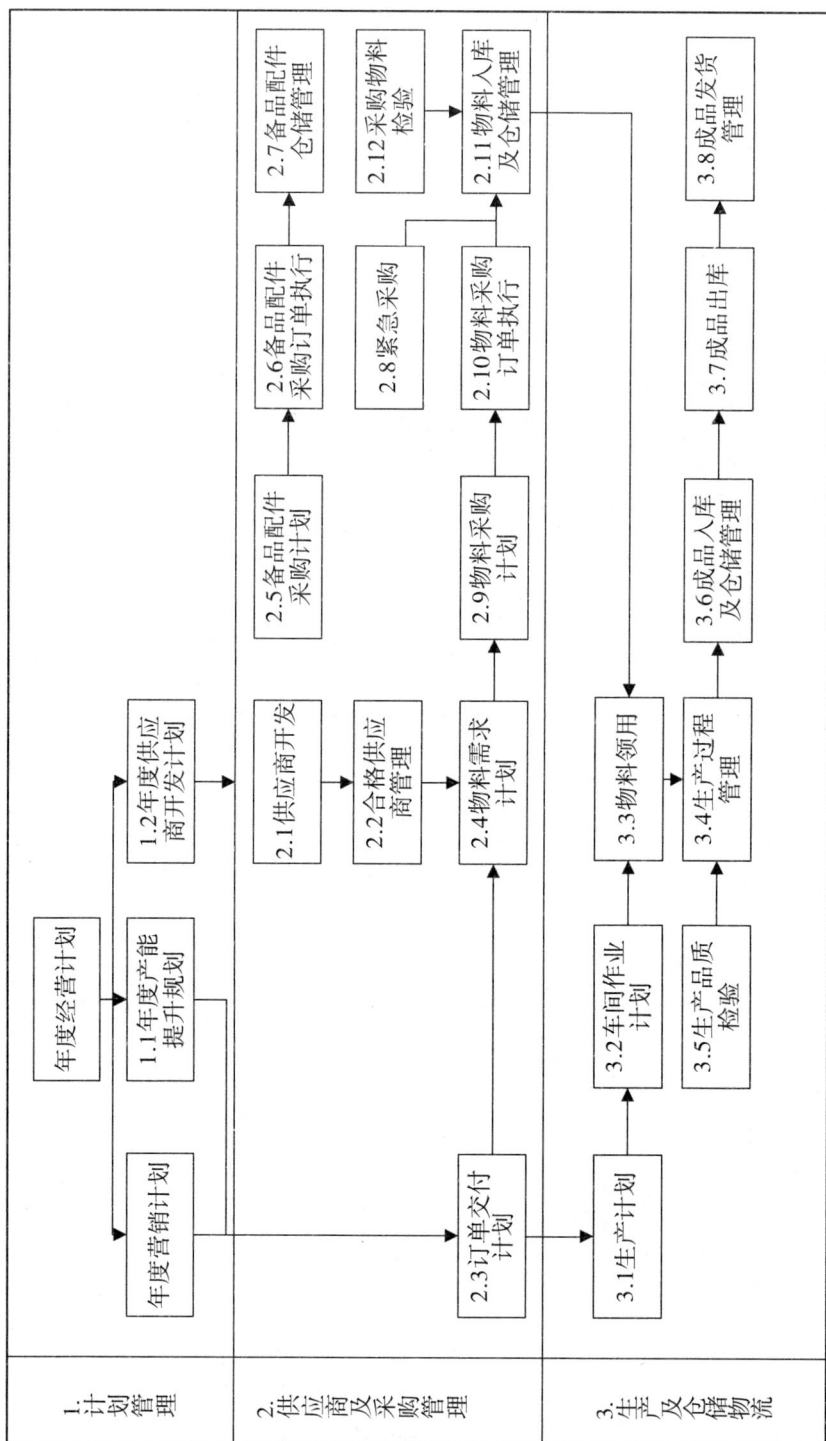

图4-4 东北某企业供应链管理核心业务逻辑关系图

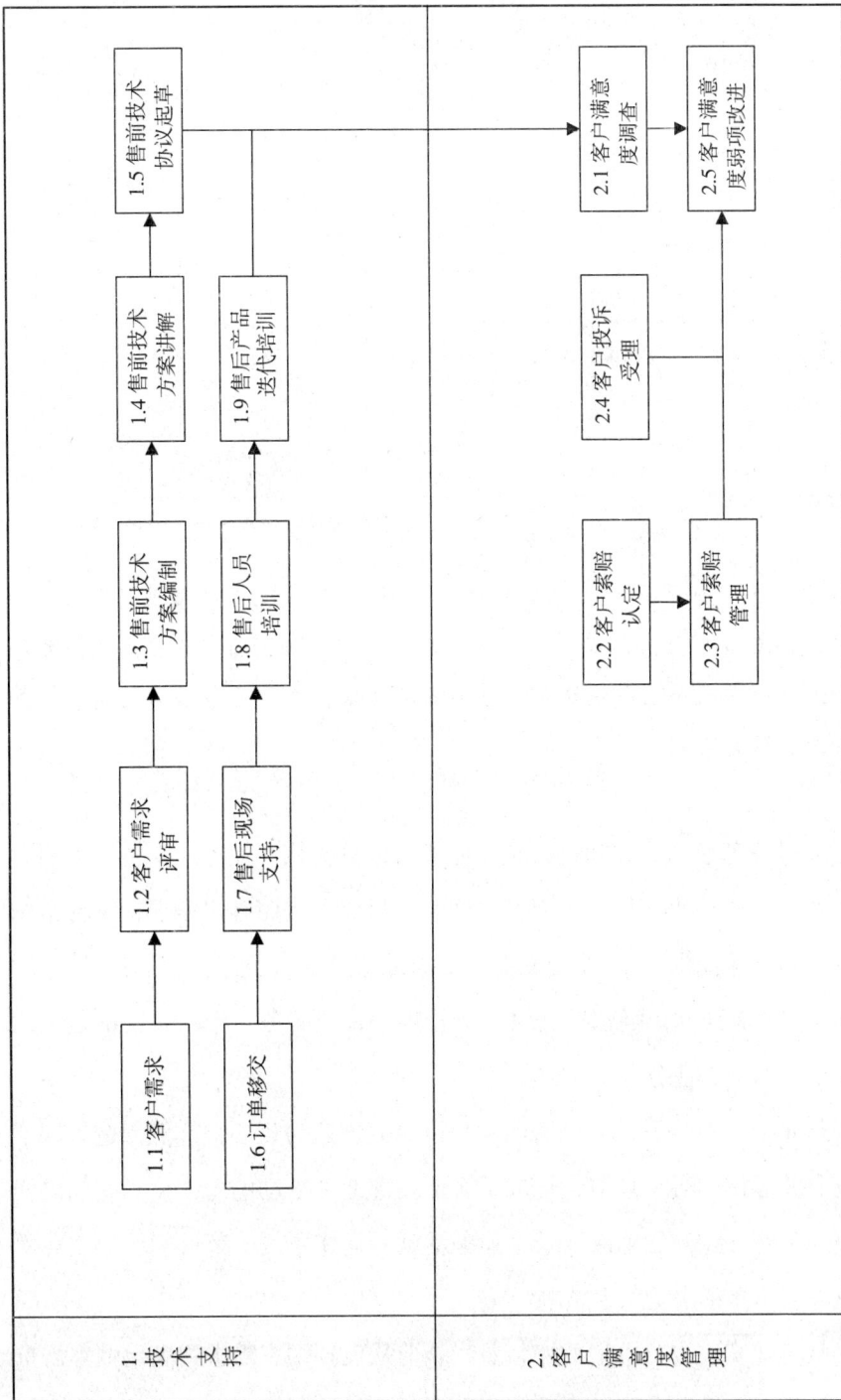

图 4-5 东北某企业客户服务核心业务逻辑关系图

1. 技术支持

| 1.1 客户需求 | 1.2 客户需求评审 | 1.3 售前技术方案编制 | 1.4 售前技术方案讲解 | 1.5 售前技术协议起草 |

| 1.6 订单移交 | 1.7 售后现场支持 | 1.8 售后人员培训 | 1.9 售后产品迭代培训 |

2. 客户满意度管理

| 2.1 客户满意度调查 | 2.5 客户满意度弱项改进 |
| 2.4 客户投诉受理 |
| 2.2 客户索赔认定 | 2.3 客户索赔管理 |

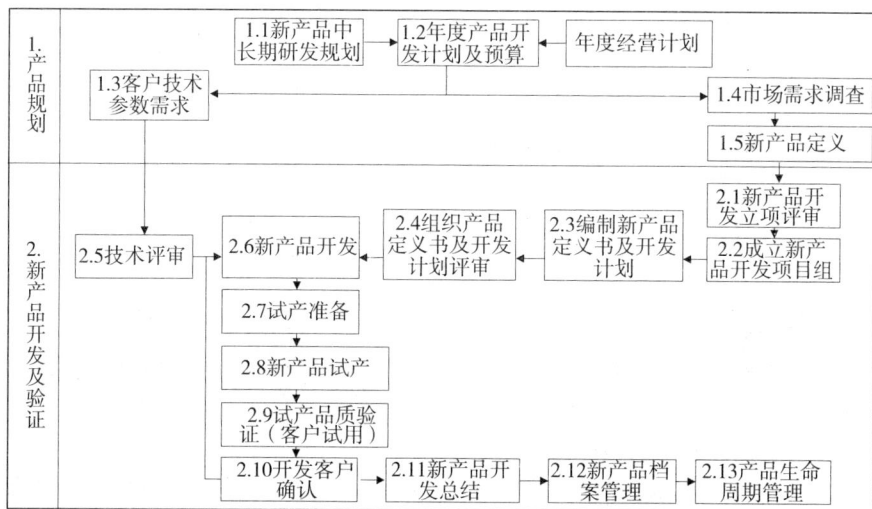

图 4-6　东北某企业产品开发核心业务逻辑关系图

无论是市场营销（23 项业务活动）、供应链管理（21 项业务活动）、客户服务（14 项业务活动），还是产品开发（18 项业务活动），我们可以看到该企业在每个业务领域都有很多业务活动，这些业务活动之间存在着严密的逻辑关系。

通过业务蓝图我们知道，企业业务可以分为核心业务、支持业务两大类。其中，核心业务是企业为了实现经营目标，按照客户需求，进行市场研发、制造并提供产品 / 服务的活动，即直接为企业创造价值的活动。【案例 4-2】中提到的市场营销、供应链管理、客户服务、产品开发都是东北这家企业的核心业务。

从企业自身来看，其经营活动是以价值创造为核心，价值创造贯穿了企业业务运作的各个环节，形成了企业内部业务活动的一体化。它们之间是相互关联并相互影响的。某个业务活动的运作不畅，都可能导致企业整体业务运作体系遭受巨大影响。

从企业实现自身价值的路径看，企业从发现顾客需求到满足顾客需求基本上是一个循环，可以让企业所创造的价值最终在市场上通过交换得到体现。因此，企业的核心业务可以看作是从发现顾客需求为起点、以满足顾客需求为重点的企业经营活动的横向一体化进程。简单地讲，也就是我们常说的产—供—销体系。基本上所有企业都具有相同的或者相类似的横向业务运作体系。比如说所有的制造型企业都具有材料供应、产品开发、生产运行、成品储运、市场营销和售后服务环节，而服务型企业都由材料供应、产品开发、服务提供、市场营销和售后服务等基本环节构成，与制造型企业所不同的是少了生产环节。

（三）核心业务流程规划

通常情况下，为了更加便捷、高效地满足客户需求，使企业价值创造最大化，企业需要对核心业务及支持业务进行分析，并在此基础上识别、规划核心业务流程。

进行核心业务流程划分，必须要注意把握企业的核心价值链要素、满足企业的经营管理需要、照顾客户需求以及遵循配套管理体系要求。

（1）把握企业的核心价值链要素，是指企业在进行核心业务流程设计时必须要分清楚哪些是直接创造价值的业务活动、哪些是为创造价值提供辅助支持服务的管理活动和辅助活动。企业的业务活动具有横向连贯性，在设计相关业务流程体系时，应注重整体的完整，不可缺失相关重要的业务运作环节。

（2）满足企业的经营管理需要，是指对于相关核心业务的设计，我们应识别出哪些是急需改进的，哪些是有待改进的，哪些是继续维持的，哪些是可以忽略的。这些方法前面已经详细介绍，这里不再赘述。以满足企业的经营管理需要为出发点，将业务流程进行有效的分类，才能够提高对业务流程管理的针对性和有效性。

（3）照顾客户需求，是指企业生存和发展的基础是发现和满足客户需求，企业内部必须建立起以市场为导向、以客户需求为目标的业务流程运作体系以及业务流程管理模式。

（4）遵循配套管理体系要求，是指企业在进行业务流程设计时，需要同时考虑和照顾配套管理体系的要求。流程管理仅仅是企业管理的一个分支，它主要是从如何提高系统效率和整体运作能力的角度去解决问题，但在进行相关流程设计时，我们还应注意与其他配套管理体系有效结合以便形成合力，这样才能系统提高企业的管理水平和能力，而不是造成相互的矛盾和冲突。

【案例4-3】东北某企业核心业务流程（表4-1~表4-4）

【案例4-2】，以下是东北某企业根据其业务蓝图及核心业务逻辑关系图规划的核心业务流程。

表4-1　东北某企业市场营销核心业务流程规划

流程名称	相关活动	流程主人	相关部门	流程输入	流程输出	增值方式
年度营销规划流程	1.1、1.2、1.3、1.4	营销总监	市场部、销售部	年度经营计划	年度营销规划	提升营销规划执行
品牌推广流程	2.1、2.2	市场部	销售部	年度营销规划	品牌推广总结	提升品牌知名度
市场调研流程	2.3	市场部	销售部	年度营销规划	市场调研报告	锁定客户需求
市场推广流程	2.4、3.11	市场部	销售部	年度营销规划	市场推广效果评估	促进销售
客户开发流程	3.1、3.2、3.3	销售部	市场部	年度销售计划	客户合作协议	增加客户数量
销售商机管理流程	3.4、3.5、3.6	市场部	销售部	销售线索	销售订单	扩大产品销售
销售订单管理流程	3.7、3.8、3.9	销售部	计划部、生产部、仓储部、物流部	销售订单	客户入库单、客户验收单	保证订单准时交付
销售货款管理流程	3.10	销售部	财务部	销售订单	回款记录	及时回笼货款
市场物料管理流程	3.12	市场部	销售部、仓储部、物流部	年度销售计划	市场物料出库单	提升市场物料价值
营销预算管理流程	1.5、3.13、3.14	销售部	市场部、财务部	年度营销规划	年度营销费用预算报告	控制营销费用

表4-2　东北某企业供应链管理核心业务流程规划

流程名称	相关活动	流程主人	相关部门	流程输入	流程输出	增值方式
年度产能规划流程	1.1	制造总监	生产部、设备部、销售部	年度经营计划	年度产能规划报告	提升产能利用率
供应商开发流程	1.2、2.1、2.2	采购部	工艺部、质量部、财务部	年度经营计划	合格供应商名录	保证供应商资源
订单交付计划管理流程	2.3	计划部	销售部、采购部、生产部、设备部、工艺部	销售订单	订单交付计划	保证订单准时交付
备品配件采购流程	2.5、2.6、2.7	计划部	采购部、制造部、设备部	备品配件需求	备品配件入库信息	保障备品配件及时供应
物料采购流程	2.8、2.9、2.10、2.11	采购部	仓储部、生产部	订单交付计划	物料入库单、物料检验单	确保物料及时供应
物料检验流程	2.12	品质部	采购部、仓储部	物料采购订单、物料送货单	物料检验记录	确保物料质量合格
生产计划管理流程	3.1、3.2	计划部	生产部	订单交付计划	计划完成记录	确保计划圆满完成
制程管理流程	3.3、3.4	生产部	计划部、供应部、设备部	作业计划	生产记录	确保计划圆满完成
成品检验流程	3.5	品质部	生产部、仓储部	成品入库单	成品检验单	确保成品质量合格
成品入库及出库流程	3.6、3.7	仓储部	生产部、销售部	入库信息	出库信息	成品及时供应
成品发货流程	3.8	物流部	销售部、仓储部	销售订单	客户签收单	及时、安全出货

表4-3　东北某企业客户服务核心业务流程规划

流程名称	相关活动	流程主人	相关部门	流程输入	流程输出	增值方式
售前技术支持流程	1.1~1.5	研发部	销售部、市场部	客户需求	技术方案、技术协议	促进销售
售后技术支持流程	1.6~1.9	研发部	销售部	订单信息	技术支持方案、技术培训评价结果	提升客户满意度，促进销售
客户满意度管理流程	2.1、2.5	市场部	各部门	客户满意度调查规划	客户满意度弱项改进结果	提升客户满意度
客户索赔管理流程	2.2、2.3	市场部	研发部、销售部、财务部	客户索赔需求	客户索赔处理结果	减少公司损失，确保客户满意
客户投诉处理流程	2.4	市场部	研发部、销售部、品质部、生产部	客户投诉信息	客户投诉处理结果	提升客户满意度

表4-4　东北某企业产品开发核心业务流程规划

流程名称	相关活动	流程主人	相关部门	流程输入	流程输出	增值方式
产品开发规划流程	1.1、1.2	产品委员会	研发部、销售部、市场部	产品战略	年度产品开发计划	提升产品竞争力
客户需求评审流程	1.3、2.5	研发部	销售部、生产部、工艺部、生产部	客户需求	客户需求评审结果	积极响应客户需求
产品调研及需求管理流程	1.4、1.5	市场部	开发部、生产技术部、采购部、产品委员会	年度产品开发计划	产品定义书（√0.1）	充分理解市场需求
新产品开发流程	2.1~2.12	研发部	销售部、品质部、生产部、工艺部、采购部	产品定义书（√0.1）	新产品开发总结	及时开发新产品
产品生命周期管理流程	2.13	开发部	产品委员会、销售部、工艺部、生产部、采购部	新产品上市	产品生命周期总结	持续保持产品竞争力

二、业务流程优化与再造

业务流程规划清楚后，企业就可以对已经规划的核心业务流程进行优化，甚至再造，确保核心业务始终为企业价值创造服务，始终为最大化满足客户需求服务，始终为提升企业经营业绩服务。

（一）业务流程现状描述

准确、客观地对业务流程现状进行描述是进行业务流程优化与设计的基础。在进行业务流程现状描述时，应首先掌握如何运用各种流程绘制符号进行现状描述。

在运用符号进行业务流程描述时，应注意以下事项。

（1）注意相关流程步骤的先后顺序，避免逻辑关系错误。

（2）流程逻辑线条不宜交叉太多，太多交叉容易造成流程阅读者误解。

（3）流程步骤描述不宜文字太多，如需详细说明，可以放在流程说明中另外阐述。

（4）运用决策点符号对流程流向进行判断时，在其前面都应有相应的流程步骤作为前期活动。

（5）流程审批环节不宜设计过多，最理想的状况是两级审批，但如果有些事项需要多级审核，最好采用会议决议或者集体决策的形式。在实际设计流程时，还需要特别留意的是我们很多时候把知会的角色也作为审批来做，这样便增加了流程审批环节，同时也降低了流程效率，不符合互联网时代流程设计原则。

（6）每个流程都有完整的起点和终点。对于某些可循环运作的流程，需要分清相关的截止区间。

（7）每个流程可能有多个起点，也有可能存在多个终点。

（8）对流程设计中所需运用的相关文档资料，应尽量明确和清晰。

图4-7所示是常用流程符号。

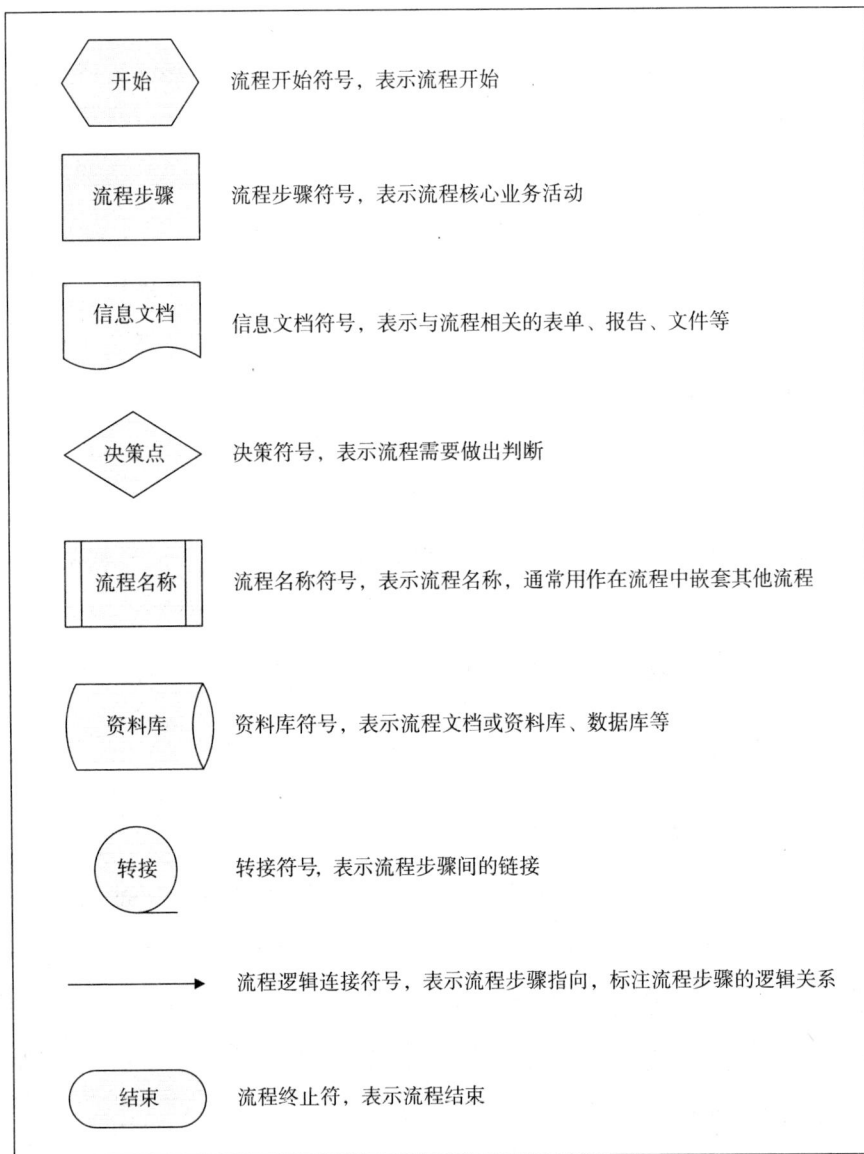

图4-7　常用流程符号

【案例4-4】某公司原材料品质检验流程（图4-8）

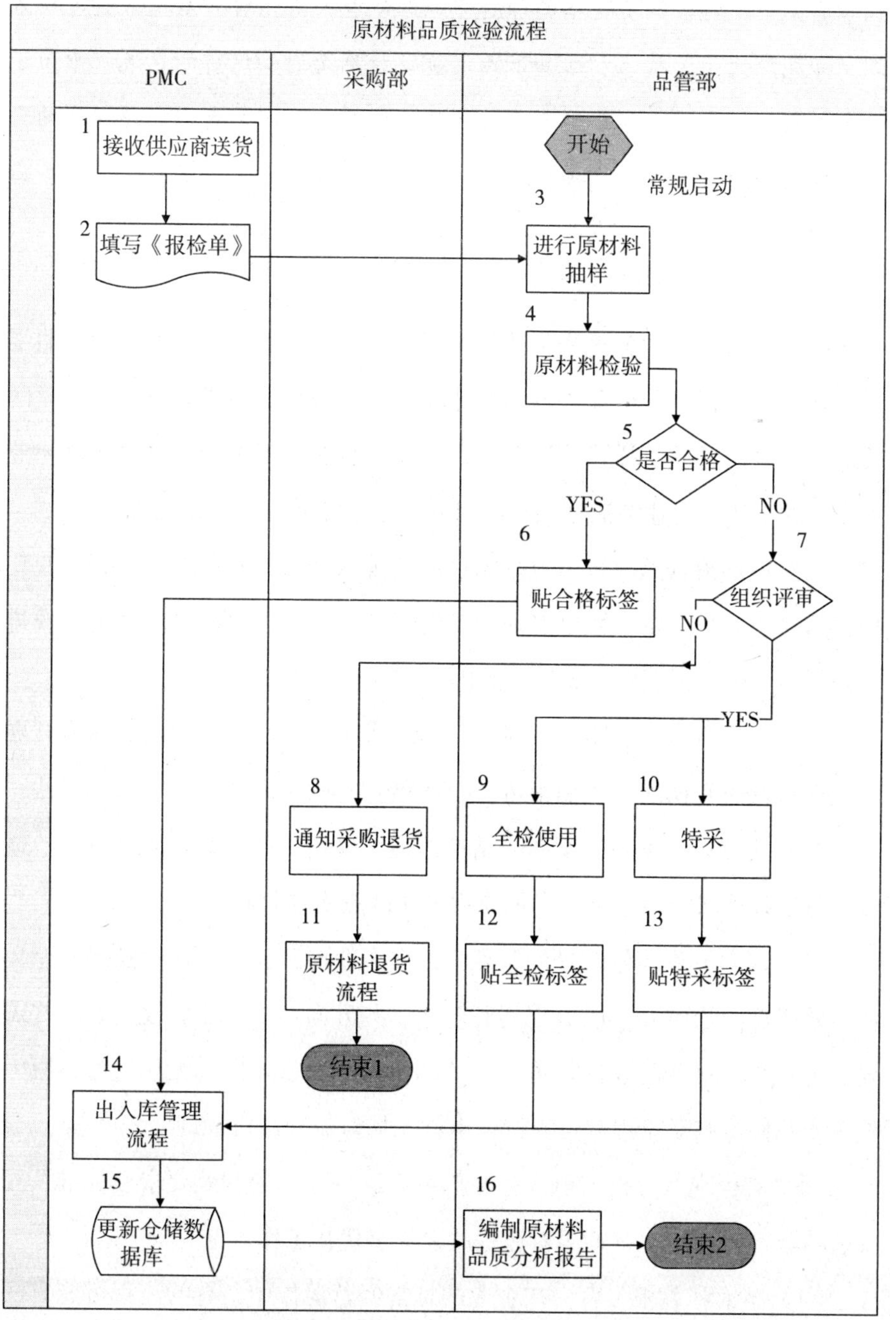

图 4-8　某公司原材料品质检验流程

在图4-8中，这个流程有一个开始，两个结束。值得注意的是在流程步骤7中，对检验不合格的原材料经组织相关部门评审后有3种处理方式，如气检使用、特采、通知采购退货，特别是通知退货的，流程中用了一个转接符把步骤7和步骤8连接起来，这样就可以避免由于逻辑线的交叉造成阅读障碍。另外，在本流程中还嵌套了另外一个流程（步骤14：出入库管理流程）。

另外，企业在业务流程描述的时候，往往采取拿来主义原则，忽略了对企业现有流程的分析和了解。企业业务流程现状描述是进行流程优化的关键，只有通过现状描述认清自己，才能结合客户诉求做好进一步优化业务流程的工作。在业务流程描述的时候，企业需要注意以下几点。

（1）识别流程的改进节点。通过流程现状调研、掌握真实资料、收集相关信息并进行分析，可以发现现有流程中的不合理之处，建立流程改进和分析的基础，识别出相关流程改进的节点和机会。

（2）关注事实而非印象。"眼见为实，耳听为虚"。如果没有认真开展流程现状调研和摸底，我们很可能会凭借自身的主观感受或他人的看法，贸然对相关流程下了一个草率的结论，最终在错误的道路上越走越远。通过进行流程现状梳理，可以发现流程运作的真实绩效和情况。

（3）建立流程绩效改进的基点。许多企业对其流程运作感觉不满意，认为效率低，质量差，但流程到底差在哪些方面？哪些需要改进？哪些需要提升？在对这些问题进行进一步的细化后，大家才发现无从回答，原因就在于我们没有对流程进行衡量，也就无从对流程进行管理。

通过流程现状分析与研究，我们可以明确流程的绩效要求和标准，真实表达客户的期望，有助于对流程的设计与优化工作。

（4）显示利益相关者。在企业的日常经营运作中，有的流程可能有一个客户，有的流程可能有多个客户，有的流程中的客户可能并不明确。作为企业来讲，需要将不同的流程利益相关者进行有效识别，并对其需求进行科学分析，这样才能将企业有限的资源合理地配置到流程中去，从而在不同利益相关者之间取得均衡，并达到客户的期望。

比如，对于一家资金紧张的企业来讲，在进行资金管理流程的运作过程中可能会碰见公司内部的各个部门相互争夺资金的状况。如果资金状况会直接影响到每个部门的实际经营业绩，这种争夺资金的趋势将会更加明显。在这种情况下，公司内部的每个部门都是资金管理流程的用户，他们的需求也是不同的。对于公司的财务管理部门而言，其有限资金应首先满足公司内部的哪个部门，就需要对每个部门的需求进行分析，并结合公司的整体利益和经营策略去进行衡量和判断。

（5）识别与其他系统的关系。流程管理仅仅是企业内部管理的一个分支，企业管理就是由人力资源管理、战略管理、财务管理、ISO9000 标准管理等众多管理活动构成的。通过流程现状调研与分析，我们可以发现流程管理与其他管理系统之间存在的接口、矛盾、冲突和不足，从而进行调整、优化和改善，使企业内部的各个管理系统能够协调、有效地进行运作，提高企业整体的运行效率和质量，避免出现顾此失彼的现象发生。

（二）业务流程问题分析

中医讲究"望、闻、问、切"，业务流程问题分析也不例外。企业可以利用不同的手段和方法对流程存在的问题进行全面诊断，进而提出业务流程优化的方向和重点。

常见的业务流程问题分析的方法很多，根据实践经验，我们把业务流程问题分析也总结为"望""闻""问""切"4类。

（1）望。通过流程绩效分析发现流程存在的问题。

（2）闻。通过客户声音倾听会、流程文档调查、研讨会、业务流程管理成熟度分析等手段发现流程存在的问题。

（3）问。通过访谈、问卷调查等方法发现流程存在的问题。

（4）切。通过测时法、标杆法、现场模拟、实际参与等方法发现流程存在的问题。

虽然业务流程问题分析有很多种方法，但不管用哪种方法，都需要把握以下几点。

（1）明确流程增值方式，围绕增值方式顺藤摸瓜找到问题的根源。

（2）明确流程相关利益人，从各利益相关人的角度出发，摸清导致这些相关人的痛点及不满意之处加以改善。

（3）站在流程用户的立场上去体验，把握用户最重要的需求，并加以改善。

同时，企业在进行业务流程现状分析的时候，永远要记住核心业务流程的价值，并根据每个核心业务流程的价值创造，即增值方式进行分析。总结多年的实践经验，我们认为，流程问题的分析可以从以下几个方面思考。

（1）流程效率。首先分析流程在效率提升方面是否还存在空间，因为企业进行流程管理的终极目的就是要提升运营效率。特别是在互联网时代，天下已经没有新鲜事，你能做出来的东西，别人很快也能做出来，那么企业能够取胜的关键就是效率。

（2）风险控制。一个合理、健全的流程，一定是可以做到对流程涉及的相关风险进行预警和控制的。大家试想一下，如果没有流程进行规范，企业任何的风险控制都是要靠人去实现，而人又存在流动性、忠诚度等诸多特质，因此，企业进行流程管理的另外一个主要原因就在于风险控制。

（3）知识传承。没有知识传承的企业是很可怕的，因为企业管理成熟度以及经营能力的提升一定是要通过不断积累和传承企业在过往经营过程中的知识沉淀。有很多企业，知识只是存储在员工的个人电脑中，甚至只存在于员工的大脑中，而且是零散的。没有经过流程链接的知识体系不能为企业提升经营和管理能力带来任何帮助，所以企业在进行流程问题分析的时候，也可以从这个维度入手。

（4）有效分权。绝大多数的中国企业都存在这样一个现象：企业高层非常想放权给总监，甚至经理，但下属总是不敢，甚至不愿意接受。为什么呢？因为在大多数企业，企业老板有着"神"一般的权威，老板"一支笔"在很多企业都是常见的现象。那么在这种情况下，如果缺乏流程体系的合理分工和对权限的划分，事实上，老板的所谓授权也就只能是空谈了。

（5）绩效管理。很多企业在推行绩效管理的时候，最头疼的一件事情就是绩效数据很难收集，最终导致绩效管理只能停留在纸面上。其实企业做绩效管理的另外一个目的就是要通过流程客观记录流程中每个环节的相关数据流和信息流。

企业还可以按照以下思路进行流程问题分析（表4-5）。

（1）流程的问题区域在哪里？

（2）该流程的关键活动有哪些？存在什么问题？

（3）在本流程中各部门的角色定位和职责履行是否到位，是否存在错位的现象？

（4）问题的具体表现是什么？

（5）如果问题得不到改善，可能会导致的结果是什么？

（6）流程应该从哪些维度进行优化？

表4-5　流程问题分析

序号	存在的问题	具体表现	可能导致的结果	优化思路

（三）业务流程优化与再造

业务流程优化就是指辨析理解现有流程，并通过对现有流程进行优化改良产生出新流程。常见的优化技巧主要有以下几种：剔除非增值环节、优化流程顺序、压缩影响流程实现的关键环节、资源重新配置、组织模式优化与调整、信息化与自动化。

业务流程再造，就是指根据企业战略调整及商业模式变化从根本上重新考虑产品或服务的提供方式再造新流程。流程再造的核心步骤包括：战略愿景、标杆确定、流程诊断、新流程设计、新流程实施、流程评估、持续改善。

业务流程优化和流程再造是企业流程改善的两种境界，两者的区别见表4-6。

表4-6　业务流程优化与业务流程再造差异分析

业务流程优化（BPI）	业务流程再造（BPR）
基于现有业务流程，企业战略既定	基于现有业务流程，企业战略发生变化
量变、渐变	质变、突变
维持现有框架	打破原有束缚

1. 业务流程优化与木桶原理

管理学中有个木桶原理：一个木桶由许多块木板组成，如果组成木桶的这些木板长短不一，那么这个木桶的最大容量不是取决于最长的木板，而是取决于最短的那块木板。

一个企业好比一个大木桶，除非这个企业人浮于事，否则每一个员工都是组成这个大木桶的不可缺少的一块木板；这个企业的最大竞争力往往不只取决于某几个人的超群和突出，更取决于他们的整体状况，取决于企业是否存在某些突出的薄弱环节。

企业进行流程优化的过程就是不断识别、分析企业短板何在，同时通过流程优化的手段（包括组织结构的再设计、资源重新配置、压缩用时最长的关键环节等）将"短板"逐渐加长，从而使企业这只"木桶"能够装下更多的"水"。

2. 业务流程再造与指头理论

指头理论是木桶原理的补充和升级版。它并不否认"短板变长"的重要性，它强调的是"让长板更长"。

企业往往很难让每块"板"都一样长，在很多情况下，稍长的"板"决定了其特色与优势，在小范围内成为制高点。

就跟我们的手指一样，有些手指会长，有些手指会短一些。对于企业来说，如果凭借长的"手指"，发挥自己的优势，就能跳出大集团的游戏规则，跳出"红海"，创造"蓝海"，独树一帜建立自己的王国。

这就是企业进行流程再造的核心意义所在。在目前的市场条件下，特色就是旗帜，凸显才能发展。与木桶原理求稳固的保守思想不同，指头理论提倡特色凸显的创新战略，要求企业能打破思维定式，一切向前看，找准自己的特殊优势，开辟一个崭新的天地。

3. 业务流程优化与再造基本原则

在互联网时代，企业业务流程优化一定要牢牢记住：得粉丝者得天下；无粉丝，不品牌；极致思维等展开，因为任何不关注用户的业务流程优化都是无济于事的。

（1）以客户（终端用户）为中心。大家都知道，企业流程管理的目的在于通过打通端（供应商）到端（客户）的高效运作，保证客户的价值主张最大化地得到满足，所以说，企业在进行流程优化的时候，始终要以客户为中心。

（2）以价值为中心，全面优化。流程管理的核心目的在于增值，流程优化与再造就是要让流程的增值环节得到提升，对非增值环节进行弱化，甚至取消。

（3）以人为本，强调高层管理者的推动和参与。齐国著名政治家管仲在《管子·霸言》中说："夫霸王之所始也，以人为本。本治则国固，本乱则国危"，这可能是对于"以人为本"的最早思想体系了。自从诺基亚提出"科技以人为本"之后，很多企业开始认识并逐渐重视人才对企业的重要性。人才是企业最重要的资源，企业的财富和利润都是通过员工的努力创造的。

4. 业务流程优化与再造技巧

业务流程优化的方法还有很多，如：基于流程的组织建设、剔除非增值环节、优化流程顺序、使决策点尽可能靠近需进行决策的地点做出、减少工作交接频率、放权或分权、流程外包、信息化、压缩用时最长的关键环节、资源重新配置、设置流程监督机制，等等。

（1）模板化和标准化。模板化和标准化是企业进行流程优化的一种常见方法。华为的任正非先生深谙此道，他指出：规范化管理的要领是工作模板化。什么叫作规范化？就是我们把所有的标准工作做成标准的模板，就按模板来做。一个新员工，只要能看懂模板，就会按模板来做。而这个模板是前人摸索几十年才摸索出来的，你不必再去摸索。各流程管理部门、合理化管理部门，要善于引导各类已经优化的、已经证实行之有效的工作模板化。清晰的流程，重复运行的流程，一定要模板化。一项工作达到同样绩效，少用工，又少用时间，这才说明管理进步了。我们认为，抓住主要的模板建设，又使相关模板的流程联结起来，才会使信息化管理成为现实。

（2）压缩无效消耗。压缩无效消耗的重点是压缩流程运作中所有没有必要的非增值作业活动。那么，怎么判断作业活动是增值的还是非增值的？用迈克尔·波特的话讲，顾客愿意付费的就是增值的。我们可以发现，在一些刚刚引入流程管理概念的企业里会发生许多的非增值活动，而这些非增值活动往往是由企业长期的管理方式、工作习惯演变而来的。在职能分割的情况下，每人只会对自己的个人和组织绩效负责，无人看到大量浪费的存在。

（3）剔除非增值环节。剔除非增值环节就是减少相关非增值业务活动的数量，提高活动的质量。也就是说将多余的业务活动进行清除后，对于剩下的活动应进行简化。

（4）调整流程顺序。调整流程顺序就是指根据相关流程的侧重点控制方式的不同，对流程运作过程和顺序进行调整，使各环节的负荷与处理时间尽量均衡。任何流程的运作都需要资源的支持，而这种资源的支持是有限的。在这种情况下，通过均衡处理可以使流程的运作更加顺畅，避免运作环节中相应短板的出现，达到效率最优化。

（5）信息化与自动化。信息化与自动化是进行流程优化的重要手段，随着社会总体劳动力资源的趋于枯竭，以及信息化管理手段在企业内部作用的加重，信息化与自动化已经成为很多企业进行流程优化的首选。

（6）充分授权，让听得到炮声的人去决策。管理的最终目标在于提高企业运营效率和经营绩效，而授权可以在一定程度上帮助企业实现这一目标。因为通过合理的授权，其一，可以调动员工的积极性，因为在很多公司，每个岗位的责、权、利其实是不对等的，这就造成很多员工承担了责任，但没有权力保证，也没有利益保障，最终导致工作无法开展；其二，企业通过授权体系促使员工能力的提升，缺乏授权体系的企业，员工工作基本上是"等、靠、要"，有了授权保障，员工可以变被动为主动；其三，企业可以通过授权体系，压缩审批环节，提升流程效率。

（7）业务流程外包。业务流程外包（BPO：Business Process Outsourcing）指企业将业务流程以及相应的职能外包给供应商，并由供应商对这些流程进行重组。随着市场竞争的加剧和社会分工的明细化，越来越多的企业开始思考将辅助性流程、管理流程，甚至非核心业务流程进行外包，由专业的公司来协助企业实现流程价值。

（8）资源重新配置。对于任何一家企业而言，企业所拥有和可支配的资源一定是有限的，如何集中优势资源去做对于企业而言最有价值的流程环节，这是每家企业都必须思考和解决的问题。

根据多年的实践经验，我们认为企业在进行流程优化的时候就必须要考虑到这一点，需要思考每个流程实施的资源评估，对于有些资源不足的流程，可采取两种模式来解决：其一是调配其他资源，其二是进行流程外包。

（9）打通内外部资源平台。打通内外部资源平台是互联网时代企业业务流程优化需要思考的一个重要突破口。传统企业在进行业务流程优化的时候，眼睛只盯着内部职能部门和业务逻辑，往往会忽视对外部资源（供应商、方案商、经销商、加盟商、终端用户）的关注和管理，导致出现流程内外脱节、协同困难、效率低下等问题。在互联网时代，企业必须将所有利益相关者都纳入业务流程当中进行统一管理，打造内外部资源共享和工作平台，让所有利益相关者在统一平台上工作和业务往来。

（10）流程中心型组织变革。企业在进行流程优化的时候要求同步进行流程中心型组织的设计和变革，流程中心型组织变革有如下3个层面。

①员工流程管理思想和意识的培养。员工能否接受并践行流程管理的思想和方法是企业进行流程优化成败的关键所在。企业通过流程优化要让员工充分理解流程管理的好处，让员工从被动接受到主动要求流程管理变革。

②传统职能式组织体系的调整。流程管理对于传统的职能式管理的挑战在于要打破部门墙，用海尔的经验来讲就是要"拆墙"，拆掉部门之间、岗位之间的壁垒。

③流程价值的体现。要让员工能够体会到流程管理带来的好处，首当其冲的就是要让企业的流程价值最大化得以发挥。

总之，业务流程优化与再造的方法有很多，如模板化与标准化、压缩无效消耗、剔除非增值环节、端到端打通、调整流程顺序、信息化与自动化、授权、业务流程外包、资源重新配置、流程中心型组织变革等。根据我们的经验，在互联网时代进行业务流程优化与再造，剔除非增值环节、端到端打通、信息化、授权、业务外包、打通内外部资源平台是关键。

5. 业务流程优化与再造衡量

前面我们讲了很多流程优化的技巧和方法，读者可能还会有一个问题要问，那就是我们进行流程优化的标准是什么？换句话来讲，什么样的流程才是好流程呢？

（1）业务流程中的活动都是增值的活动。前面已经提到，企业业务流程管理的核心目的是为了"增值"，当然每个流程、每个活动的"增值"方式可能有所不同，但业务流程优化的时候，始终要把握这样一个原则，那就是"该活动有增值价值吗？"如果没有，就一定要想办法将该活动剔除掉。

（2）保证业务流程面向客户。客户就是流程输出结果的最终消费者，企业进行流程优化，当然要保证面向客户，并且保证客户的满意。

（3）保证管理流程面向企业目标。我们在谈到战略、流程和组织的关系的时候，曾经讲过，战略决定企业做正确的事，组织决定企业正确地做事，而流程则可以帮助企业高效、低成本、低风险地做事。流程的存在一定是为了企业战略的实现。如果企业流程优化离开了战略的引导和战略目标的实现，那将是毫无意义的。

（4）员工的每一个活动都是实现企业目标的一部分。流程的运作离不开部门和员工，所以企业流程的每个环节都应该是有意义的，也就是我们刚才提到的有"增值"的。那么，从员工的层面来讲，任何一个活动都应该对企业的战略实现是有意义的。

（5）流程持续改进，永不过时。世界上唯一不变的就是变化。竞争环境的变化是永恒的，流程管理就是要帮助企业在周边环境变化时使运营和管理能尽快赶上这种变化。环境的变化必须带来运营和管理的不断调整和变化，而运营和管理的变化必然要反映到流程上。所以说，企业的流程管理一定是动态的，而且流程管理成熟的企业也一定有健全的流程自我优化机能。

【案例 4-5】东北某企业核心业务流程优化（图 4-9、图 4-10）

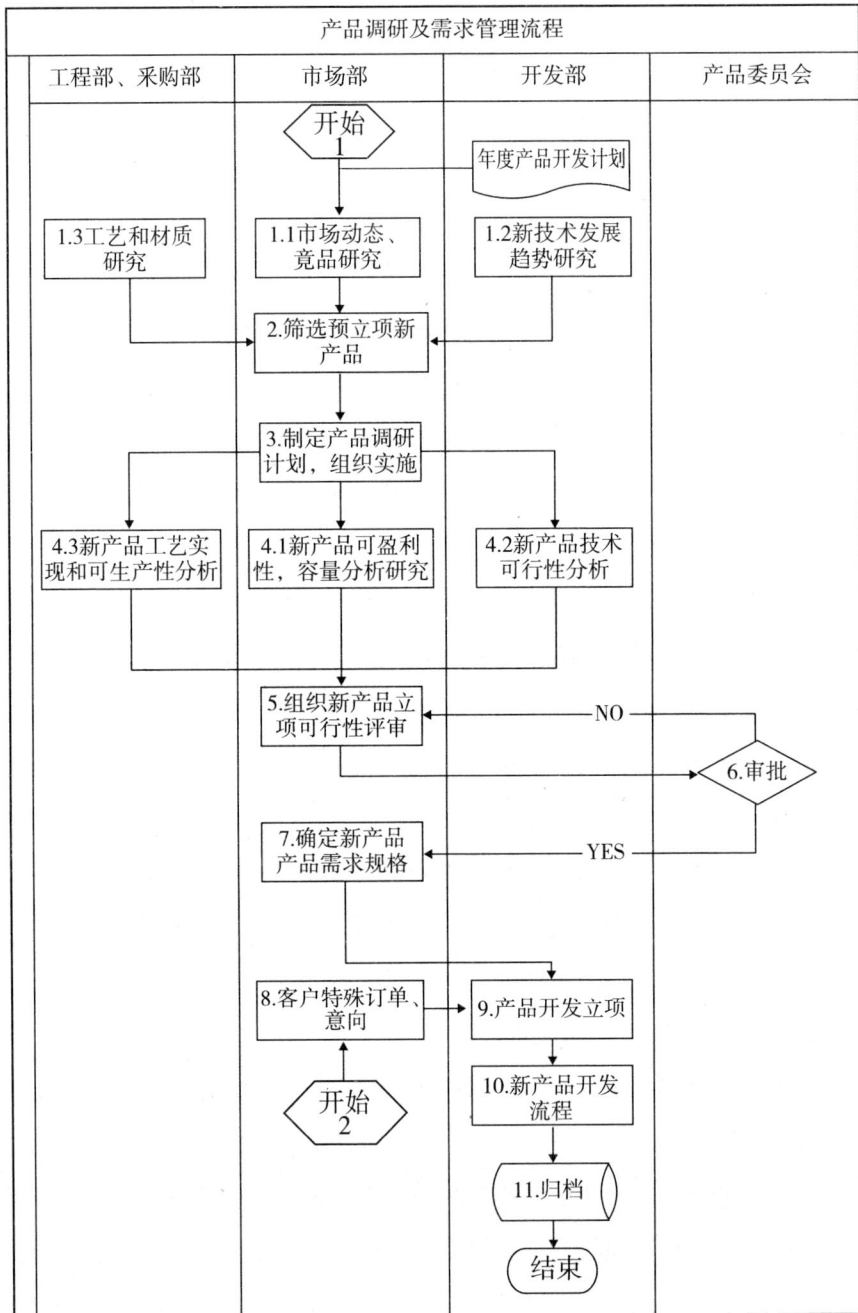

产品调研及需求管理流程			
工程部、采购部	市场部	开发部	产品委员会

开始 1

年度产品开发计划

1.3工艺和材质研究

1.1市场动态、竞品研究

1.2新技术发展趋势研究

2.筛选预立项新产品

3.制定产品调研计划，组织实施

4.3新产品工艺实现和可生产性分析

4.1新产品可盈利性，容量分析研究

4.2新产品技术可行性分析

5.组织新产品立项可行性评审 — NO

6.审批

7.确定新产品产品需求规格 — YES

8.客户特殊订单、意向

9.产品开发立项

开始 2

10.新产品开发流程

11.归档

结束

图 4-9　东北某企业产品调研及需求管理流程

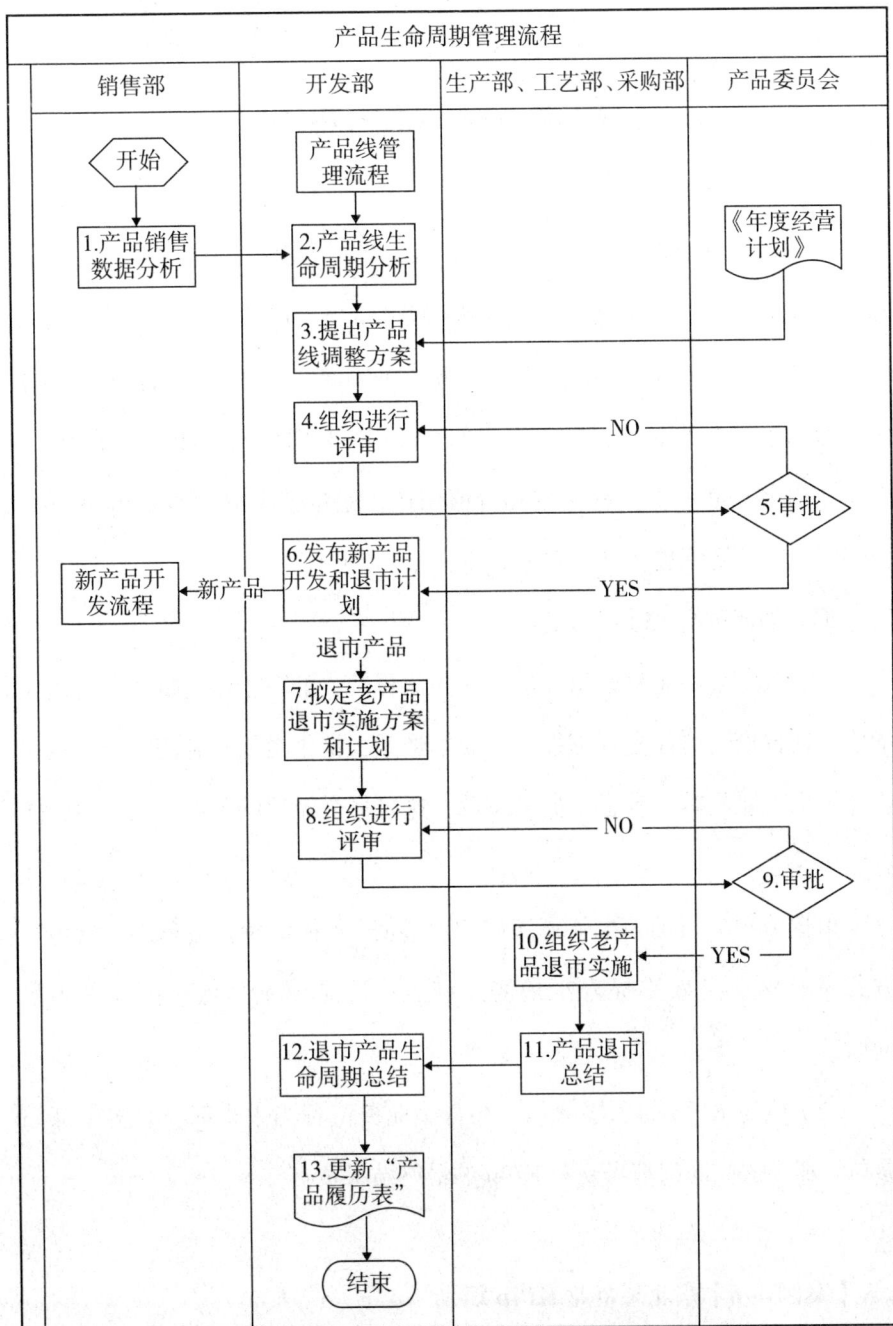

图 4-10　产品生命周期管理流程

三、流程绩效指标识别

传统企业的对事不对人绩效指标主要有两个来源，即基于战略的 KPIs 和基于职能的 KPIo。传统企业过于强调部门职能的有效运行，最终导致部门之间的壁垒越来越坚固。流程中心型企业对事不对人绩效指标有 3 个来源，即基于战略的 KPIs；基于流程的 KPIp 和基于职能的 KPIo。流程中心型企业强调核心业务流程实现和价值创造，通过基于流程的 KPIp 考核，使部门之间的协调更畅顺，效率更高。

那么如何进行 KPIp 识别呢？

（1）我们要清晰地知道，核心业务流程的目的在于创造价值，也就是增值。这种增值可能是效率提升、成本降低、销售增加、利润增长、质量提高，也可能是客户满意、员工满意，这与每个流程的目的（绩效目标）有关。

根据流程的目的，也就是流程的"增值"，搞清楚该流程的"增值"方式是什么？是效率提升？是客户满意？还是成本降低？抑或是销量增加？

（2）确定 KPIp 的承接部门。在每个业务流程当中，都会有多个部门参与，那么这些部门都需要对 KPIp 的最终结果负责。

【案例 4-6】东北某企业 KPIp 识别

【案例 4-3】，以下是东北某企业的 KPIp 识别（表 4-7～表 4-10）。

表 4-7　东北某企业市场营销类 KPIp 识别

业务流程名称	KPIp 名称	KPIp 归口部门	KPIp 相关部门
年度营销规划流程	年度营销规划批准时间	营销总监	市场部、销售部
品牌推广流程	品牌知名度	市场部	销售部
市场调研流程	月度市场调研报告输出时间	市场部	销售部
市场推广流程	市场推广有效性评价	市场部	销售部
客户开发流程	新开发客户数量	销售部	市场部
销售商机管理流程	销售商机开发数量	销售部	总经办
销售订单管理流程	订单准时交付率	销售部	计划部、生产部、仓储部、物流部
销售货款管理流程	销售回款回笼率	销售部	财务部
市场物料管理流程	市场物料有效性评价	市场部	销售部、仓储部、物流部
营销预算管理流程	营销预算控制率	销售部	市场部、财务部

表 4-8　东北某企业供应链管理类 KPIp 识别

业务流程名称	KPIp 名称	KPIp 归口部门	KPIp 相关部门
年度产能规划流程	年度产能规划输出时间	制造总监	生产部、设备部、销售部
供应商开发流程	供应商开发计划达成率	采购部	工艺部、质量部、财务部
订单交付计划管理流程	订单交付计划达成率	计划部	销售部、采购部、生产部、设备部、工艺部
备品配件采购流程	备品配件质量合格率、备品配件断货次数	计划部	采购部、制造部、设备部
物料采购流程	物料采购齐套率	采购部	仓储部、生产部
物料检验流程	原料一次交检合格率	品质部	采购部、仓储部
生产计划管理流程	生产计划达成率	计划部	生产部
制程管理流程	生产计划达成率	生产部	计划部、供应部、设备部
成品检验流程	成品一次交检合格率	品质部	生产部、仓储部
成品入库及出库流程	成品仓储完好率	仓储部	生产部、销售部
成品发货流程	成品发货及时率	物流部	销售部、仓储部

表4-9　东北某企业客户服务类 KPIp 识别

业务流程名称	KPIp 名称	KPIp 归口部门	KPIp 相关部门
售前技术支持流程	售前技术支持满意度	研发部	销售部、市场部
售后技术支持流程	售后技术支持满意度	研发部	销售部
客户满意度管理流程	客户满意度、客户满意度弱项改进计划达成率	市场部	各部门
客户索赔管理流程	客户索赔金额	市场部	研发部、销售部、财务部
客户投诉处理流程	客户投诉平均处理周期、24 小时客户投诉响应及时率	市场部	研发部、销售部、品质部、生产部

表4-10　东北某企业产品开发类 KPIp 识别

业务流程名称	KPIp 名称	KPIp 归口部门	KPIp 相关部门
产品开发规划流程	年度产品开发计划输出时间	产品委员会	研发部、销售部、市场部
客户需求评审流程	客户需求评审及时率	研发部	销售部、生产部、工艺部、生产部
产品调研及需求管理流程	产品定义书（√0.1）输出时间	市场部	开发部、生产技术部、采购部、产品委员会
新产品开发流程	新产品开发计划达成率、新产品销售收入	研发部	销售部、品质部、生产部、工艺部、采购部
产品生命周期管理流程	产品销售周期	开发部	产品委员会、销售部、工艺部、生产部、采购部

四、流程绩效指标定义

　　无论是 KPIs、KPIp，还是 KPIo，它们都有共同之处，即都是对事不对人的指标。它们衡量的要么是经营结果，要么是经营过程。它们更加关注企业经营目标达成过程中"事"的因素。

关于 KPIp 的定义规则与 KPIs 完全一致，读者可以查看本书第二章的内容。

【案例 4-7】某公司的 KPIp 定义（表 4-11、表 4-12）

表 4-11　某公司订单准时交付率定义

指标名称	订单准时交付率	指标编号	YX–KPIp–001
指标来源	订单管理流程	相关部门	营销部、计划部、采购部、生产部、仓储物流部
指标目的	准时交付订单，降低订单交付滞后		
计算公式	（准时交付订单数量 / 期间应交付订单总量）×100%		
特殊说明	（1）期间应交付订单总量包括正常订单、经评审通过的紧急插单 （2）本指标统计以订单张数为口径		
计量单位	%	统计周期	周
指标极性	越大越好	数据输出部门	商务管理部
数据输出时间	每月 2 日	指标考核周期	月
指标考核方法	比率法	指标性质	定量指标

表 4-12　某公司原材料交检合格率定义

指标名称	原材料交检合格率	指标编号	CG–KPIs–001
指标来源	采购管理流程	相关部门	采购部、品质管理部
指标目的	提高原材料采购质量，减少、杜绝由于原材料质量问题造成的待工、停产，降低产品质量等负面影响		
计算公式	（合格原料批数 / 总进货批数）×100%		
特殊说明	（1）原材料交检合格率只统计 A 类、B 类物料 （2）数据以品质管理部检测记录为主		
计量单位	%	统计周期	天
指标极性	越大越好	数据输出部门	品质管理部
数据输出时间	每月 2 日	指标考核周期	月
指标考核方法	比率法	指标性质	定量指标

第五章

职能绩效指标建立四步法

职能绩效指标来源于部门职能，用来衡量部门职能是否有效履行，或者履行效果如何。根据多年的管理实践，我们将职能绩效指标的建立分为4个步骤：①业务蓝图与公司职能分解；②部门三级职能描述；③职能绩效指标识别；④职能绩效指标定义。

一、业务蓝图与公司职能分解

第四章讨论了流程绩效指标（KPIp），KPIp 经常用来衡量企业内部部门之间相互协作的状况，特别是与客户密切相关的核心业务之间各部门之间的协作水平。我们知道在企业内部除了强调部门间的协作之外，还需要强化部门职能的有效履行，即分工。可以这么说，分工是协作的基础，协作是分工的目的。

传统管理理念认为，企业管理的核心在于分工，只要保证企业内部的每一项职能都有部门和岗位承接就行了，但现实的状况往往是事与愿违。因为企业内部的分工只是解决了每个部门、每个岗位"做什么"的问题，而没有解决"怎么做"的问题。也就是说，只强调分工的话，大家都明白了自己要做哪些事情，承担哪些职能，但并不清楚做这些事情的先后顺序和工作关系，而要解决这一问题，流程才是关键。因此，企业在建立 KPI 的时候，不仅要考虑基于流程的 KPIp，同样也要识别与定义基于职能的 KPIo。KPIp 与 KPIo 的关系如图 5-1 所示。

如图 5-1 所示，企业内部的分工有两种：横向分工和纵向分工。横向分工是将企业业务蓝图中所有业务活动按照专业化分工的原则进行分解，最终形成公司的一级部门；纵向分工则是将每个部门所承接的职能按照组织、计划、执行、协助配合、审核或审批、分析改进等节点进行分解，最终形成部门内部的岗位体系。总之，无论是横向分工，还是纵向分工都必须把握好两个原则：横向到边、纵向到底，并由此产生出了基于职能的绩效指标（KPIo）。

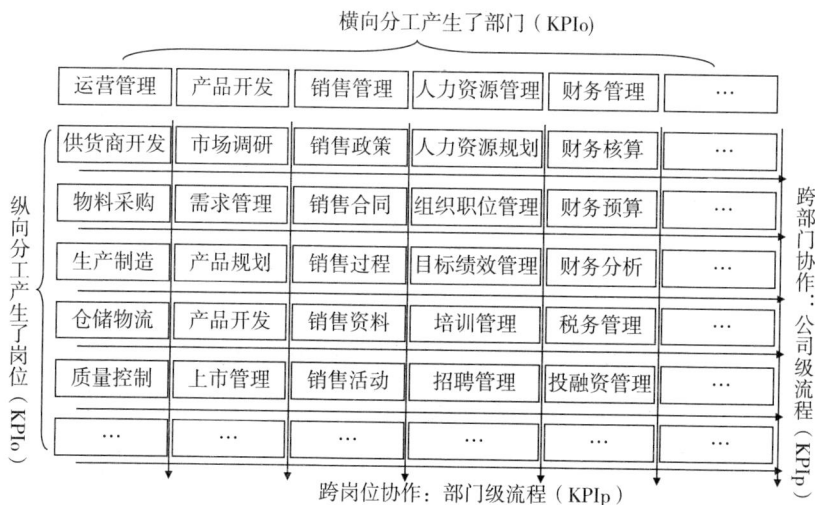

图 5-1 KPIp 与 KPIo 的关系

企业内部的协作也有两种：跨部门协作和跨岗位协作。跨部门协作是解决部门之间为了满足客户价值主张而建立的协作规则，跨部门协作形成了公司级的流程；跨岗位协作是解决岗位之间为了快速响应客户需求而建立的协作规则，跨岗位协作形成了部门级的流程。总之，无论是跨部门协作，还是跨岗位协作都必须把握好两个原则：目标导向和结果导向，并由此产生了基于流程的绩效指标（KPIp）。

与 KPIp 建立的起点相同，KPIo 建立的起点也是从公司业务蓝图规划开始，因为业务蓝图清晰地表达了企业中的所有业务活动。企业需要按照组织分工原则将这些业务活动全部分解到各个部门，分工不留空白，也不能一项业务多个部门重复负责。

【案例5-1】东北某企业业务活动部门职能分解（表5-1）

【案例4-2】，以下是东北某企业业务蓝图中所有业务活动的分解

表 5-1　东北某企业各部门职能分解

职能层次		职能分解													
一级职能	二级职能	总经理办公室	市场部	销售部	开发部	计划部	采购部	生产部	仓储部	物流部	品质部	设备部	工艺部	财务部	人力资源部
经营规划	发展战略规划	√													
	年度经营计划	√													
	年度销售计划			√											
	年度品牌推广计划		√												
	年度研发计划				√										
	年度投资计划	√													
	年度供应链计划						√	√	√	√	√		√	√	
	年度IT建设计划	√													
	年度HR计划														√
	年度经营预算													√	
市场营销	品牌管理		√												
	市场管理		√												
	市场调研		√												
	市场策略		√												
	市场推广		√												
	客户开发与管理			√											
	价格管理			√											
	回款管理			√											

续表

职能层次		职能分解													
一级职能	二级职能	总经理办公室	市场部	销售部	开发部	计划部	采购部	生产部	仓储部	物流部	品质部	设备部	工艺部	财务部	人力资源部
供应链管理	订单管理			√											
	计划管理					√									
	采购及外协加工						√								
	制程管理							√							
	仓储管理								√						
	物流管理									√					
客户服务	技术服务				√										
	售前技术支持				√										
	售后技术支持				√										
	客户满意度管理	√													
	客户满意度调查	√													
	客户投诉管理	√													
	客户索赔管理	√													
产品开发	市场调研	√													
	需求管理				√										
	产品线规划				√										
	产品定义				√										
	新产品开发				√										
	生命周期管理				√										
工艺与设备	工艺控制												√		
	设备管理											√			
	工装管理											√			
	刀具夹具管理											√			
	精益生产												√		

续表

职能层次		职能分解												
一级职能	二级职能	总经理办公室	市场部	销售部	开发部	计划部	采购部	生产部	仓储部	物流部	品质部	设备部	工艺部	财务部	人力资源部
质量管理	体系管理										√				
	开发品质										√				
	供应品质										√				
	生产品质										√				
EHS	环保管理	√													
	安全管理	√													
	职业健康管理	√													
财务管控	风险及合规管理	√													
	投资管理	√													
	融资管理													√	
	预算管理													√	
	费用管理													√	
	成本管理													√	
	会计核算													√	
	资产管理													√	
	资金管理													√	
	财务分析													√	
	税务管理													√	
组织及HR	企业文化														√
	信息化管理	√													
	组织管理														√
	流程管理	√													
	招聘管理														√
	培训发展														√
	人才评价														√
	绩效管理														√
	薪酬与激励														√

职能层次		职能分解													
一级职能	二级职能	总经理办公室	市场部	销售部	开发部	计划部	采购部	生产部	仓储部	物流部	品质部	设备部	工艺部	财务部	人力资源部
行政后勤	基建管理														√
	知识产权管理														√
	合同管理	√													
	后勤及物业管理														√
	档案及保密管理	√													
	行政管理														√
资源管理	供应商资源管理						√								
	市场资源管理		√												
	研发资源管理				√										
	工厂资源管理						√								
	智力资源管理														√
	政府资源管理	√													
	公关资源管理	√													

通过表5-1，可以非常直观、清晰地将企业业务蓝图中规划的每项业务活动都分解到了各个部门。

二、部门三级职能描述

根据企业业务蓝图规划出各部门的一级职能和二级职能之后，为了保证组织分工的充分性，企业还需要对各部门的职能进行三级描述。在部门职能描述中，常用的、可操作性较强的分类方法有以下几种。

1. 按管理范围和权限分类

可分为对外的经营职能和对内的生产管理职能两大类。

（1）经营职能属于协调企业内部生产技术经济活动与外部环境的关系，使之适应市场需要和变化，提高企业适应能力和经营能力，保证经济效益长期稳定增长的综合性职能，是外向的、决策性的职能。

（2）生产管理职能则是局限于企业内部，按照既定的经营决策和计划组织企业内部活动的综合性职能，它以提高生产效率、增加产量、提高质量、降低消耗等为目的，是内向的、执行性的职能。

2. 按管理层次分类

可分为高层、中层、基层 3 个层次的职能。

（1）高层也称经营层，其管理职能关系到企业全局。

（2）中层也称管理层，其职能对上负有执行、协作和参谋的责任，对下要担负指挥、服务和监督的责任。

（3）基层也称作业层，是企业的生产现场，高层和中层对产品的各项要求（产量、质量、品种、成本、交货期、安全等）都要在这个层次上得到落实。

3. 按管理工作过程的不同阶段分类

可分为决策、计划、组织、协调、控制、监督、反馈等职能。

4. 按管理专业分工分类

可分为生产管理、技术管理、供销管理、人力资源管理、财务管理等，每一类还可再细分，例如技术类还可分为设备管理、新产品研发管理、工艺管理等。

5. 按业务工作的性质分类

可分为专业性、综合性和服务性 3 类职能。

（1）专业管理职能担负企业生产经营活动某一方面的管理业务，如供应、运输、设备、动力、安全、基建等管理业务。

（2）综合管理职能则贯穿于企业生产经营活动的全过程，涉及企业多个子系统，如计划、技术、质量、人力资源、教育、财务等管理工作。

（3）服务性职能主要是后勤保障工作，如食堂管理、员工宿舍、行政等方面的管理工作。

6. 按照在实现企业战略任务过程中的重要性分类

可分为关键职能和次要职能。

（1）关键职能是对实现企业战略任务起关键作用的职能。它要依据不同企业，或者同一企业在不同发展阶段的战略任务来确定，有的可能是质量管理，有的可能是研究开发管理，市场营销、资源供给和利用、降低成本、安全生产等也可能成为关键职能。

（2）次要职能虽然重要性不如关键职能，但依然是企业管理的基本职能，不可或缺，只不过它们是围绕关键职能来配置，与其协调配合，共同保证和促进企业战略任务的实现。

7. 按制定和贯彻落实企业经营决策的不同作用分类

可分为决策性、执行性和监督保证性 3 类职能。

（1）决策性职能是制定经营决策与经营计划，将其分解下达并进行考核的一系列管理工作，是企业的首要职能。

（2）执行性职能则是贯彻落实经营决策和计划，具体组织从产品开发开始，经由产品制造，直至产品销售的全过程的活动。

（3）监督保证性职能一方面适应上述两类职能的要求，从思想政治工作、人事、资金、后勤保障等各方面为其提供必要条件；另一方面也发挥监督作用。

8. 按照对生产活动有无直接指挥关系分类

可分为直线职能和参谋职能。

（1）直线职能承担着直接指挥组织日常生产活动的职责，从企业的最高层到基层最低一级的管理人员，形成垂直的、逐级指挥的直线系统。在这个直线系统中，各级直线领导人员对本部门（直线部门）的全部工作及其成果负有完全责任，同时也拥有指挥权。

（2）参谋职能承担着综合管理和专业管理工作，对上级直线人员发挥参谋作用，对下级直线部门和直线人员起指导、服务和监督作用，无权直接下达命令进行指挥。

9. 按职能的归属关系分类

可分为基本职能和派生职能。

（1）基本职能是以企业生产经营过程的某一阶段（供、产、销）或某一要素（人、财、物）为对象，能够相互独立、自成系统的职能，也称一级职能。

（2）派生职能是从基本职能中分离出来的职能，如销售这个基本职能，可派生出销售计划、广告宣传、产品推销、维修服务等二级职能。

根据经验，企业无论用哪种方式进行部门职能描述，最好能够做到三级职能描述（见案例5-2），同时，还需要对部门每项三级职能按照组织、计划、执行、协助配合、审核/审批、分析改进6个维度进行再次分解，将部门每项三级职能分解到各个岗位。

【案例5-2】东北某企业部门职能描述及分解

【案例5-1】，以下是东北某企业对各部门职能进行的三级描述以及部门职能分解矩阵（表5-2、表5-3）。

表5-2　东北某企业市场部三级职能描述及部门职能分解矩阵

部门使命	根据公司发展战略，通过研究市场行业大环境、分析现有目标消费群体与竞争者，为销售部门提供有针对性、准确的信息导向，促进销售							
一级职能	二级职能	三级职能	部门职能分解矩阵					
			组织	计划	执行	协助配合	审核/审批	分析改进
经营规划	年度品牌推广计划	根据公司年度经营计划，负责编制公司年度品牌建设计划	①	①	①	②③		①
		负责编制公司年度品牌建设预算	①	①	①	②③		①
市场营销	品牌管理	编写品牌建设策划书			③		①	③
		利用网络、平面媒体、自媒体进行品牌推广			③	②	①	③
		定期跟踪并与各网络平台，纸媒，社媒等宣传媒介建立良好关系			③	②	①	③
	市场管理	负责市场的持续维护，查出窜货、乱价等市场行为			②		①	②
	市场调研	有选择性地走访销售渠道，深入了解其发展及问题，提供出差报告	①	②	②		①	②
		积极参加各行业展会，搜集市场信息，提供展会报告	①	②	②		①	②
		与重点行业协会人员定期交流沟通，参加行业协会内部会议研讨，增强与行业协会、同行之间联系，提供访谈报告			②			②
		对重点项目进行跟踪访谈，提交访谈报告			②		①	②

续表

部门使命	根据公司发展战略，通过研究市场行业大环境、分析现有目标消费群体与竞争者，为销售部门提供有针对性、准确的信息导向，促进销售							

一级职能	二级职能	三级职能	部门职能分解矩阵					
			组织	计划	执行	协助配合	审核/审批	分析改进
市场营销	市场策略	根据公司整体规划，负责制定公司市场策略，并监督实施	①	②	②		①	②
	市场推广	收集并提供全行业展会信息列表			②	①		
		选择重点展会进行现场推广	②	②		①③		②
		策划并组织实施市场推广活动	②	②		①③		②
		负责市场推广物料设计与管理	②	②		①③		②
客户服务	客户满意度管理	负责客户满意度模型设计、问卷开发			③	③		③
	客户满意度调查	负责客户满意度调查、数据分析	③		③.	②		③
		根据客户满意度调查结果，根据满意度弱项改进状况				③	①	③
	客户投诉管理	负责建立客户投诉渠道				③	①	
		及时反馈客户投诉处理状况	③	③		③		
	客户索赔管理	负责客户索赔调查及责任认定	③	③		③		
		负责客户索赔相关手续办理	③	③		③		
产品开发	市场调研	通过调查与走访等手段，收集市场各行业最新发展方向				②	①	②
		提供新产品开发市场反馈信息报告				②	①	②
		组织销售条线预估新产品销售价格及销售额，进度时间表等	②			②	①	②
		负责新产品上市准备及前期市场宣传				②	③	②
资源管理	市场资源管理	负责市场资源开发规划，并按规划实施				①	②③	①
		负责市场资源关系维护及日常管理				①	②③	①
备注	①代表市场部经理；②代表市场专员；③代表品牌专员							

表5-3　东北某企业开发部三级职能描述及部门职能分解矩阵

部门使命	依据公司产品研发规划，完善研发管理体系，提升产品市场竞争力							
一级职能	二级职能	三级职能	部门职能分解矩阵					
			组织	计划	执行	协助配合	审核/审批	分析改进
经营规划	年度研发计划	根据公司产品战略及年度经营计划，负责编制公司年度研发计划	②		②	①③		②
客户服务	技术服务	建立技术服务标准			①	③	②	①
	售前技术支持	负责产品售前的工况调研和选型，并提供选型方案和外形图			③	④	①	③
		负责对产品售前技术问题的解答			③			
	售后技术支持	负责对有较大疑难杂症的售后问题的解答			④	⑤	③	④
		负责进行产品售后的维护和修理方案的确定			④	⑤	③	④
产品开发	需求管理	配合市场部进行收集、分析产品市场数据调研	②		③	④	②	③
		负责对产品行业分布、需求量进行分析与管理	②		③	④	②	③
	产品线规划	负责对新产品系列的规划	①		①	③	②	①
	产品定义	负责对新产品质量的定位进行规划	①		①	③	②	①
		负责对新产品价格的定位进行建议	①		①	③	②	①
	新产品开发	负责设计新产品的图纸			④	③⑤	①	④
		负责建立新产品的技术文件、数据			④	③⑤	①	④
		负责产品样本初稿的编写			④	③⑤	①	④
		负责产品使用说明书的编写			④	③⑤	①	④
		负责对新产品进行小批量试制和型式试验			④	③⑤	①	④
		负责组织对新产品的评价	②		③	③④	②	①
	生命周期管理	负责对产品进行全过程的生命周期管理	①		①	③	②	①
资源管理	研发资源管理	负责对研发资源的开发，研发信息库的建立与管理			②	①③		②
备注	①代表总工程师；②代表开发部经理；③代表主任工程师；④代表高级工程师；⑤代表工程师							

三、职能绩效指标识别

职能绩效指标是用来衡量部门职能是否有效履行，因此职能绩效指标的识别也一定来源于部门职能，在本书第二章我们已经系统介绍过职能绩效指标（KPIo）的提取方法，在此不再赘述。

【案例5-3】东北某企业部门KPIo识别和规划

【案例5-2】，东北某企业对市场部、销售部对应的KPIo进行识别和规划（表5-4、表5-5）

表5-4 东北某企业市场部KPIo规划

一级职能	二级职能	三级职能	KPIo 名称
经营规划	年度品牌推广计划	根据公司年度经营计划，负责编制公司年度品牌建设计划	年度品牌建设计划通过公司批准时间
		负责编制公司年度品牌建设预算	年度品牌预算支出率
市场营销	品牌管理	编写品牌建设策划书	
		利用网络、平面媒体、自媒体进行品牌推广	品牌曝光度 广告宣传效果评价
		定期跟踪并与各网络平台，纸媒、社媒等宣传媒介建立良好关系	品牌负面报道次数
	市场管理	负责市场的持续维护，查出窜货、乱价等市场行为	窜货查出次数 乱价查出次数
	市场调研	有选择性地走访销售渠道，深入了解其发展及问题，提供出差报告	销售渠道拜访次数 销售渠道拜访覆盖率
		积极参加各行业展会，搜集市场信息，提供展会报告	
		与重点行业协会人员定期交流沟通，参加行业协会内部会议研讨，增强与行业协会、同行之间联系，提供访谈报告	市场信息分析月报有效性评价
		对重点项目进行跟踪访谈，提交访谈报告	重点项目调研报告质量

续表

一级职能	二级职能	三级职能	KPIo 名称
	市场策略	根据公司整体规划，负责制定公司市场策略，并监督实施	公司市场策略有效执行率
	市场推广	收集并提供全行业展会信息列表	
		选择重点展会进行现场推广	
		策划并组织实施市场推广活动	展会销售线索数量
		负责市场推广物料设计与管理	
客户服务	客户满意度管理	负责客户满意度模型设计、问卷开发	
	客户满意度调查	负责客户满意度调查、数据分析	客户满意度
		根据客户满意度调查结果，根据满意度弱项改进状况	客户满意度弱项改进计划达成率
	客户投诉管理	负责建立客户投诉渠道	
		及时反馈客户投诉处理状况	客户投诉有效处理率
	客户索赔管理	负责客户索赔调查及责任认定	
		负责客户索赔相关手续办理	年度客户索赔金额
产品开发	市场调研	通过调查与走访等手段，收集市场各行业最新发展方向	
		提供新产品开发市场反馈信息报告	新产品市场调研报告质量
		组织销售条线预估新产品销售价格及销售额，进度时间表等	
		负责新产品上市准备及前期市场宣传	
资源管理	市场资源管理	负责市场资源开发规划，并按规划实施	A 类市场资源数量
		负责市场资源关系维护及日常管理	

表 5-5　东北某企业销售部 KPIo 规划

一级职能	二级职能	三级职能	KPIo 名称
经营规划	年度研发计划	根据公司产品战略及年度经营计划，负责编制公司年度研发计划	年度研发计划通过公司批准时间
客户服务	技术服务	建立技术服务标准	技术服务标准有效执行率
	售前技术支持	负责产品售前的工况调研和选型，并提供选型方案和外形图	售前技术支持满意度
		负责对产品售前技术问题的解答	
	售后技术支持	负责对有较大疑难杂症的售后问题的解答	售后技术支持满意度
		负责进行产品售后的维护和修理方案的确定	

续表

一级职能	二级职能	三级职能	KPIo 名称
产品开发	需求管理	配合市场部进行收集、分析产品市场数据调研	新产品市场调研报告质量
		负责对产品行业分布、需求量进行分析与管理	
	产品线规划	负责对新产品系列进行规划	公司产品研发路线图通过公司批准时间
	产品定义	负责对新产品质量的定位进行规划	
		负责对新产品价格的定位进行建议	
	新产品开发	负责设计新产品的图纸	新产品开发计划达成率
		负责建立新产品的技术文件、数据	
		负责产品样本初稿的编写	
		负责产品使用说明书的编写	
		负责对新产品进行小批量试制和型式试验	新产品合格率
		负责组织对新产品的评价	新产品评价结果
	生命周期管理	负责对产品进行全过程的生命周期管理	新产品销售周期 新产品销售收入
资源管理	研发资源管理	负责对研发资源的开发，研发信息库的建立与管理	A 类研发资源数量

四、职能绩效指标定义

　　KPIo 定义规则与 KPIs、KPIp 基本上是一致的，需要对每项 KPIo 从指标名称、指标编号、指标来源、相关部门、指标目的、指标计算公式、特殊说明、计量单位、统计周期、指标极性、数据输出部门、数据输出时间、指标考核周期、指标考核方法、指标性质共 15 个维度进行定义。

【案例5-4】东北某企业 KPIo 定义（表5-6、表5-7）

表5-6　东北某公司广告宣传效果评价定义

指标名称	广告宣传效果评价	指标编号	SC-KPIo-001
指标来源	部门职能	相关部门	
指标目的	通过对广告宣传效果评价，发现问题并及时加以改善		
计算公式	差（60分以下）：财务分析不准确，不能为公司决策提供支持 一般（60~80分）：财务分析基本准确，能为公司决策提供一定支持 良好（80~100分）：财务分析准确，能为公司决策提供有力支持 优秀（100~120分）：财务分析深入、全面、准确，并能根据分析结果提出决策的建议，并得以实施		
特殊说明	广告宣传效果评价每季度由市场主管组织公司部门负责人、销售渠道等相关人员集体评价		
计量单位	等级	统计周期	季度
指标极性	等级越高越好	数据输出部门	市场部
数据输出时间	每季度首月10日	指标考核周期	年
指标考核方法	层差法、比率法	指标性质	定性指标

财务分析有效性评价表

评价维度	权重	差（60分以下）	一般（60~80分）	良好（80~100分）	优秀（100~120分）
制作质量	20%	广告质量效果非常差，完全没有吸引力和卖点	广告质量效果一般，没有明显吸引力和突出卖点	广告质量达到预期期望，卖点明显，给人留下深刻印象	广告质量非常好，卖点非常突出，对企业及产品形象提升作用突出
客户反应	30%	客户反应非常差，对广告宣传无任何印象	客户反应一般，对广告宣传基本知晓，但购买欲望不明显	客户反应热烈，对广告宣传内容比较熟悉，有明显购买欲望	客户反应非常热烈，对广告内容非常熟悉和认可，购买欲望非常强烈
业务带动性	50%	对公司业务无任何带动作用	对公司业务有一定带动作用，但未达到预期目标	对公司业务发展有明显带动作用，达到预期目标	对公司业务发展有非常明显的带动作用，远远超过预期目标

表 5-7 东北某公司财务分析有效性评价定义

指标名称	财务分析有效性评价	指标编号	CW-KPIo-001
指标来源	部门职能	相关部门	
指标目的	通过财务分析及时发现公司经营过程中存在的问题，并加以改善		
计算公式	差（60 分以下）：财务分析不准确，不能为公司决策提供支持 一般（60~80 分）：财务分析基本准确，能为公司决策提供一定支持 良好（80~100 分）：财务分析准确，能为公司决策提供有力支持 优秀（100~120 分）：财务分析深入、全面、准确，并能根据分析结果提出决策的建议，并得以实施		
特殊说明	财务分析有效性评价每季度由总经办组织总经理、副总等相关人员集体评价		
计量单位	等级	统计周期	季度
指标极性	等级越高越好	数据输出部门	总经办
数据输出时间	每季度首月 10 日	指标考核周期	年
指标考核方法	层差法、比率法	指标性质	定性指标

财务分析有效性评价表

评价维度	权重	差（60 分以下）	一般（60-80分）	良好（80~100 分）	优秀（100~120 分）
及时性	20%	报告无合理理由延迟 3 个工作日及其以上提交	财务报告按时提交	特殊情况下仍可按时提交报告	突发信息可以立即反映在报告中，并能及时提交
准确性	30%	不准确，数据使得报告丧失了意义	准确，大多数数据可以作为下一步工作的基础	很准确，绝大多数数据可以作为下一步工作的基础	非常准确，可以作为下一步工作的基础
决策价值	50%	可用于做出经营决策的观点基本没有	可用于做出经营决策的观点数量较多	可用于做出经营决策的观点很多，能支持一些决策	可用于做出经营决策的观点很多，尤其能支持重要决策，具有极高的决策价值

第六章

素质指标建立三步法

素质指标（KCI）与前面提到的 KPIs、KPIp、KPIo 都不同，KPI 都是对事不对人的指标，而 KCI 则是对人不对事的指标。KCI 也用来衡量岗位任职者是否能够满足岗位任职标准，圆满完成岗位、部门职责及相关流程要求，为客户提供最有价值的服务和产品体验。根据多年的管理实践，我们将素质指标的建立分为以下 3 个步骤：①企业能力素质模型规划；②任职资格矩阵规划；③素质指标定义。

一、企业能力素质模型规划

（一）能力素质模型

20 世纪 60 年代哈佛教授 David C.McClelland 首先提出能力素质的概念，以帮助组织寻找那些与员工个人能力素质相关，并能够协助提高其绩效的因素。David C.McClelland 研究发现能力素质是持久地达成岗位绩效的最好判断因素。

在 David C.McClelland 的基础上，著名的心理学家 Scott Parry 于 1998 年提出了关于能力素质的定义，他认为能力素质主要包含以下 4 个方面的含义。

（1）能力素质是知识、能力及职业素养的整合。

（2）这些因素的整合引出的是可观察的和可测量的行为。

（3）能力素质与绩效有直接的关联。

（4）能力素质可以通过培训等手段得以提高。

能力素质模型是用行为方式描述出来的员工需要具备的知识、技巧、素养要素的总和。这些素质是可观察的、可衡量的，而且是对个人和企业绩效极其重要的。

多块拼图构成成功的共同语言

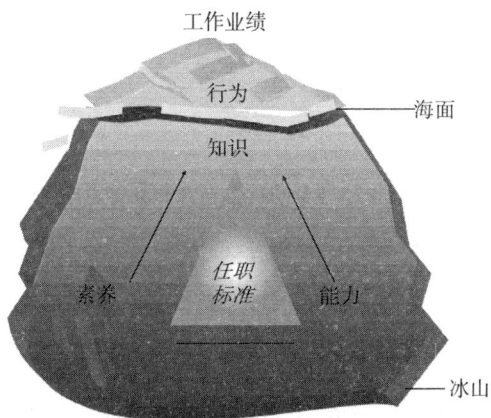

ASK 模型
Attitude	态度
Skill	能力
Knowledge	知识

KSB 模型
Knowledge	知识
Skill	能力
Behavior	行为

图 6-1　能力素质模型

从图 6-1 可以看得出来，工作业绩作为"冰山"最高的部位，因为露出海面，很容易被人发现，并能对其做出准确的衡量与评价；而产生工作业绩的往往是需要员工养成良好的习惯和行为规范，以及"冰山"在海面以下的知识、素养和能力等，这些素质很难被人发现，也就很难进行衡量与评价。

能力素质模型更多地强调对产生良好工作业绩核心因素的挖掘和评价。任职资格与能力素质模型不同，它除了要研究岗位任职者需要具备的核心能力素质之外，还需要清晰定义岗位任职者需要具备的行为标准，以及岗位价值贡献。

（二）企业能力素质模型规划

企业能力素质模型规划就是根据企业自身业务特性对影响企业经营业绩的"人的因素"进行识别、归类和分析，最终形成符合企业自身实际的能力素质集合。通常而言，企业能力素质模型规划包括以下几项内容。

（1）业务特性分析。根据发展战略及业务蓝图对企业业务领域、产品特性、营销模式、产品研发、产品实现、客户交付等内容进行系统分析，识别客户价值主张最大化满足的关键环节。

（2）能力素质要素识别。对影响关键环节需要具备的能力、素养等因素逐一识别，并加以定义。

（3）能力素质要素分级。针对不同类型的岗位和不同层级的岗位，能力素质的要求会存在差异。比如，同样是解决问题能力，公司高管需要解决公司层面或者某个系统层面的问题；而部门负责人需要解决部门层面的问题；基层员工就只解决岗位层面的问题就可以了，问题层面不同，对解决问题的复杂性和创造性要求就会存在差异。再如，大局意识，企业高层不仅仅要站在公司立场上思考问题，更需要对公司的未来发展思考现在的问题，而对基层员工就不需要那么高的要求了。

【案例 6-1】江苏某企业能力素质要素识别、定义及分级（表 6-1、表 6-2）

表 6-1　江苏某企业能力素质要素（能力）识别、定义与分级

能力项目	能力定义	能力分级描述			
		1 级	2 级	3 级	4 级
执行能力	贯彻执行岗位、部门或公司交办的工作任务，有效达到目标的能力	能按时完成上级主管领导交办的各项工作任务	能利用有效的方法和途径，较圆满地按时完成工作任务	经常提前完成工作任务，能主动思考并提出有效提高工作效益的建议	能够充分利用资源，不断创新提高完成工作任务的方法和善于实践总结
沟通能力	通过口头方式表达、交流思想的能力	能够为工作事项进行联系或相互简单口头交流	能够与他人进行较清晰的思想交流，能够抓住重点，让别人易于理解	沟通技巧较高，具有较强的说服力和影响力，有较强的感染力	沟通时有较强的个人魅力，影响力极强，有很强的感召力

续表

能力项目	能力定义	能力分级描述			
		1级	2级	3级	4级
谈判能力	在谈判过程中正确理解对方观点、关注的利益，运用谈判技巧维护公司利益、达成谈判目标或寻找双赢方案的能力	在谈判过程中善于表达并坚持自己的观点和利益，基本能实现己方谈判目标	在坚持原则的前提下，具有相当的灵活性，善于表达并维护公司的利益，能较好地实现己方谈判目标	在谈判过程中能快速识别对方的谈判风格，并以此适当调整自己的谈判风格，谈判结果超出己方预期目标	在谈判过程能准确把握对方的观点，洞察其所关注的利益，善于挖掘双赢的解决方案，实现双赢
学习能力	通过阅读、听讲、研究、实践等方法获得工作所需要的知识或技能的能力，以及所学知识的应用	掌握基本的学习方法，能在指导下学习相关的知识	具有一定的学习兴趣和自学能力，能通过阅读、听讲方式等获得知识或技能	掌握全面的学习方法，可通过阅读、听讲、学习新技能，可根据对研究和经验的总结，自我解决某类问题	学习能力，学习欲望较强，能运用有效的学习方法迅速掌握所学的主要内容、有明确的学习目的和计划
解决问题能力	独立处理工作中所遇到的各种问题、找到解决办法、解决问题的能力	问题发生后，能够积极主动去思考问题解决的方法	问题发生后，能够分辨关键问题，找到解决办法，并设法解决	对重大问题，能够准确分析问题的原因，能够找到解决问题的突破口	能迅速理解并把握各种重大复杂的事物的本质，能够快速找到解决问题的突破口，并能够制定问题预防的策略

表6-2 江苏某企业能力素质要素（态度）识别、定义

态度项目	态度定义
敬业精神	爱岗敬业，能够遵照工作职责与岗位规范、制度等要求完成和改善工作，自觉维护企业利益与形象，不计得失付出自己的努力和贡献
责任心	能够认识到自己应承担的职责和要求，清楚本职工作在组织中的作用和贡献，忠于本职工作，主动、自觉追求组织目标的实现，乐于接受额外的任务和必要的加班
诚信	在工作中不弄虚作假，做人做事恪守信誉和职业操守，能平等地对待所有的客户（包括外部客户和内部客户），在向客户介绍自己的服务、产品时，提供精确的信息，实事求是，言行一致，信守承诺
团队精神	能够自觉地融入团队，与同事合作完成工作任务，善于协同团队寻求解决问题的途径，理解与尊重团队中其他成员的不同工作风格和方式；能主动与团队其他成员进行沟通，为了团队的成功，愿意牺牲自己的利益

态度项目	态度定义
服务意识	能够对客户的要求做出迅速而有效的反应，及时采取针对性的措施满足客户需求；能够经常与客户保持沟通，征求客户对自己工作的意见；根据客户反馈意见，能采取有效的改进措施，不断改进工作质量
流程意识	以身作则及执行流程、制度的坚定性，对不符合公司流程、制度规定的事项，不予认同；自觉强化工作流程化的观念，并能够不断对流程进行优化
安全意识	严格执行安全操作规程，在工作中自觉采取并监督同事采取必要的安全措施，在生产活动中的各种各样有可能对自己或他人造成伤害的外在环境条件下保持一种戒备和警觉的心理状态
质量意识	能够严格遵守岗位的流程制度，执行规范程序；工作一丝不苟，追求尽善尽美；能主动征求客户的意见，根据反馈改进自己的工作，以满足客户需求为标准，不断提升工作品质和经济效益的最优化

【案例6-2】浙江某企业管理职位族能力、态度项目定义（表6-3）

表6-3 浙江某企业管理职位族能力、态度项目定义

KCI项目	关键任职条件定义
影响力（IMP）	最好的管理者会运用合理的冲击与影响力来改善公司的经营，而不是想尽办法为个人牟利。影响力的一般表现方式有： （1）关注个人的影响力，努力建立个人信用，或让他人对自己保留特定的印象 （2）考虑到自己的某些语言或行动会对他人产生何种影响，杰出的经理人有时也会十分关心公司的声誉，但他们更多的都比较在意个人的信誉或想留给他人的印象
成就导向（ACH）	成就导向指为自己及所管理的组织设立目标，提高工作效率和绩效的动机与愿望。由于管理者的工作常常涉及他人的绩效，因此其成就导向必须被大家所认同，包括团队和下属，还包括对权力的需求，具体表现为： （1）经常评估自己、团队或下属的工作结果，思考评估方式，并与下属讨论这些评估方式是否适当 （2）寻找更好、更快和更有效率的方法来做事 （3）设定明确的、具有挑战性的目标 （4）激发下属潜能
团队与合作精神（TW）	团队与合作精神或参与式的管理是管理者重要的胜任特征，主要表现为： （1）寻求他人的意见，鼓励下属参与会影响到他们的事务中 （2）肯定团队，认可团队的努力，及时鼓励并合理授权 （3）努力提高团队士气，崇尚合作

续表

KCI 项目	关键任职条件定义
分析式思考（AT）	对于杰出的管理者来说，注重逻辑思维是一项很重要的特征，常见的指标包括： （1）发现情况或信息的暗示或结果 （2）用系统的方式分析情况，以确定原因或结果 （3）以务实的态度预测障碍，规划解决方案 （4）事前思考行动过程的步骤，分析完成任务或目标的条件
主动积极（INT）	主动积极常常表现在管理者会超出工作的基本要求把握机遇或为未来可能出现的问题或机会做好准备。在处理当前情况时表现为： （1）在机会出现时立即抓住 （2）迅速、有效地处理危机 （3）超越某人正式的权威界限 （4）在达到目标的过程中表现出坚持不懈的毅力
培养他人（DE）	培养他人是管理者必须具备的关键特征之一，主要表现在： （1）给下属提供建设性的反馈意见 （2）当下属遇到困难时给予安慰和鼓励 （3）通过各种指示建议，或其他指导方式培养下属 （4）指定特别的课程和培训
自信心（SCF）	在杰出的管理者身上自信心出现的频率很高，主要表现为： （1）对自己的能力和判断力普遍有信心 （2）喜欢接受具有挑战性的任务 （3）勇于直接质疑或挑战上级主管的行动 （4）面对问题或失败勇于承担责任，并采取各种方法改善绩效
人际理解（IU）	人际理解的表现方式为： （1）了解他人的态度、兴趣、需求和观点 （2）能够解释他人的非语言行为，了解他人的情绪和感觉 （3）知道什么可以激励他人 （4）了解他人的长处和短处 （5）了解他人行为的原因
直接/果断性（DIR）	杰出的管理者使用这项能力的频率可能比培养他人要低，但在某些情况下却非常重要，最常见的表现为： （1）设定极限，在必要的时候说"不" （2）设定工作标准，并严格执行 （3）有时会清楚、直接地质疑他人的工作绩效
信息收集（INFO）	信息搜集也是管理者的一项重要特征，一般情况下，信息都是用来诊断问题或找出未来的潜在问题，信息搜集的主要方法： （1）系统地搜集资料 （2）从各种来源搜集资料 （3）亲自观察或接触实际情况

续表

KCI 项目	关键任职条件定义
团队领导力（TL）	主要表现为： （1）管理者为其所在团队设立绩效目标 （2）在更宽泛的组织层面上维护所在团队的利益 （3）为团队争取所需要的资源
概念式思考（CT）	主要表现为： （1）发现他人没有发现的某种联系或模式 （2）注意到他人没有注意到的各种矛盾或差异 （3）迅速把握问题的关键并采取行动
专业技术知识（EXP）	掌握所需的专业知识和技能是从事管理工作的基本要求，是管理者运用各种能力的基础。但是管理者不能过分依赖所具备的专业知识和技能，也就是说，如果管理者过多地将自己的角色与工作定位在具体的业务工作，而较少关注培养下属的话，管理的绩效将无从谈起

二、任职资格矩阵规划

（一）任职资格构成

大家知道，KCI（包括 KCIs、KCIa）都是对人不对事的指标，因此在规划 KCI 的时候一定要与岗位任职资格联系起来。任职资格一般由基本任职资格、工作要素、知识、能力、素养及其他参考项目构成（图 6-2）。其中，基本任职资格包括学历、专业、工作经验、行业经验、岗位经验等对岗位任职者的基本要求；工作要素是任职者为了有效履行岗位职责而必须付诸实践的工作项目及标准，知识、能力和态度是对任职者必须掌握和具备的相关能力素质的定义；另外，对于某些特殊的岗位，在建立任职资格的时候，因为考虑到这些岗位的特殊性，需要识别和建立特殊要求项目，如性格体征、个人品德、绩效状况等。

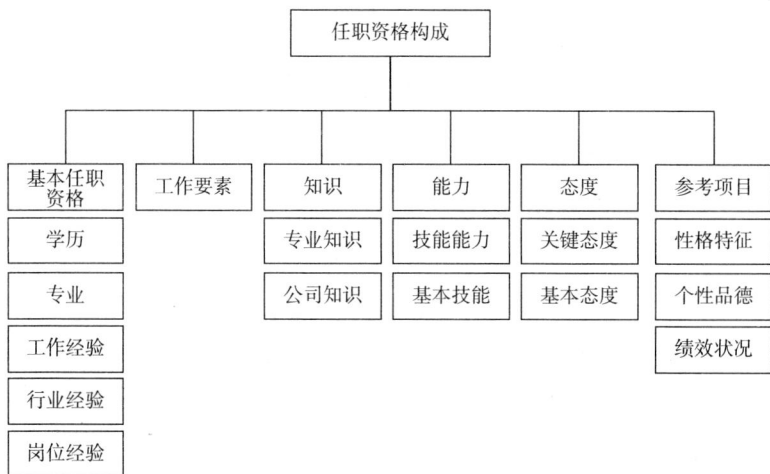

图 6-2　任职资格基本构成

岗位任职资格有很多组成部分，我们在建立 KCI 的时候，只对其中的能力项、态度项进行定义和分级，并与任职者建立联系。

（二）任职资格通道设计

任职资格通道设计如图 6-3 所示。

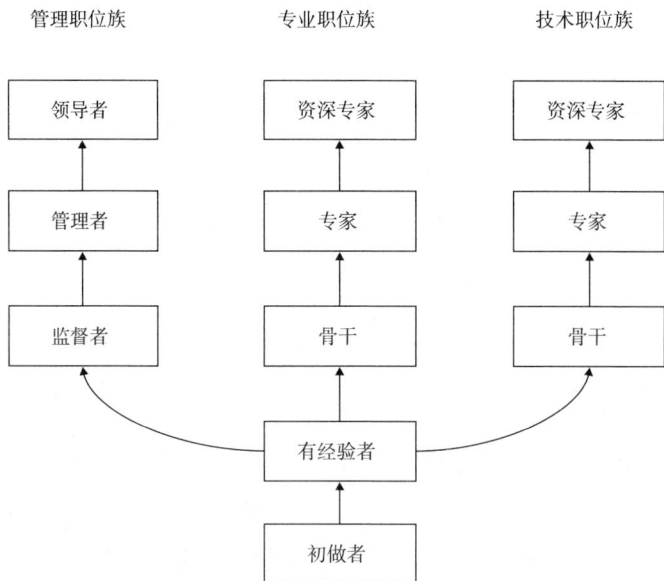

图 6-3　任职资格通道设计

任职资格通道设计是根据不同职族、职系的发展特点，确定每个职族、职系的能力发展级别（又称职级），每个发展级别（职级）又分为若干个等级（又称职等）。

任职资格通道的设计可以有效避免"千军万马过独木桥"的现象，给每个职位族广阔的空间。

一般情况下，专业和技术职位族都可以分为初做者、有经验者、骨干、专家和资深专家5个职级。由于管理职位族的特殊性，管理职位族一般会分为3个职级，即监督者、管理者、领导者。有些集团公司的管理职位族分为5个职级。

（三）专业/技术职位族职级发展通道

专业/技术职位族的职级规划来自两个维度，即专业/技术的广度、专业/技术的深度，如图6-4所示。

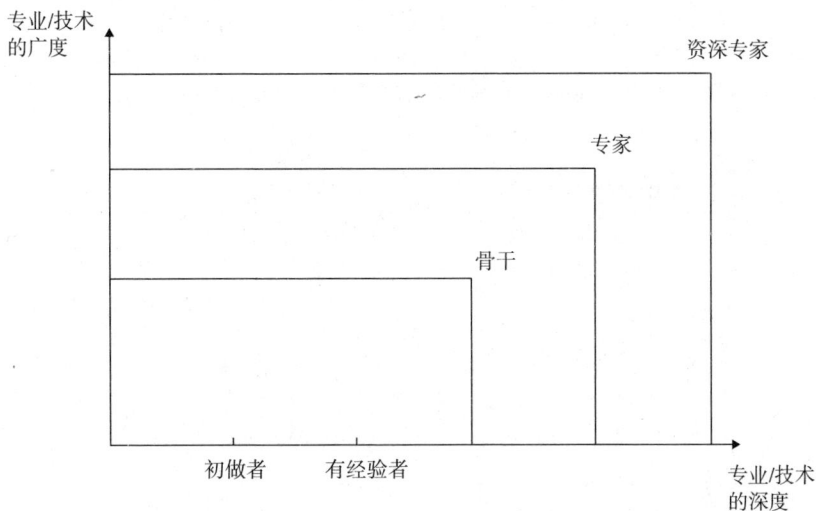

图6-4 专业/技术职位族职级规划

从图6-4可以看出，对于初做者和有经验者而言，这些岗位的工作只是沿着一定工作量的深度有递进的要求；但从骨干开始，包括专家、资深专家，除了有深度的要求，同时还有对专业 / 技术广度的要求，如表 6-4 所示。

表 6-4　专业 / 技术职位族职级定义

职级	基本特征
资深专家	（1）具有博大精深的专业知识和技能 （2）本专业领域内业务流程的建立者或重大流程变革的发起者 （3）可以指导整个体系的有效运行 （4）能够洞悉和把握本专业领域的发展趋势，并提出有前瞻性的变革思路 （5）被视为本专业领域理论、技术、技巧等方面的工人专家
专家	（1）精通本专业领域内的所有知识、技能 （2）对本专业领域内的流程有全面深刻的理解，能够洞察其深层次的问题并给出相应的解决方案 （3）能够以缜密的分析在专业领域给他人施加有效影响，从而推动和实施本专业领域内重大的变革 （4）对于本专业领域内复杂的、重大的问题，能够通过改革现有的程序和方法加以解决 （5）可以指导本专业领域的一个子系统有效运行 （6）能够把握本专业的发展趋势，并保证本专业领域的规划与发展趋势相吻合
骨干	（1）能够负责小型项目的开发设计，或负责大中型项目的模块开发设计 （2）具有全面的业务知识和技能，在主要领域是精通的，并对相关领域的知识也有一定的了解 （3）能够发现本专业领域业务流程中存在的重大问题，并提出合理有效的解决方案 （4）能够预见工作中的问题并能及时解决 （5）对体系有全面的了解，并能准确把握各组成部分之间的相关性 （6）能够对现有的流程、方法进行优化 （7）可以独立、熟练地完成大多数工作任务，并能够有效指导他人工作 （8）被视为是本领域内经验丰富的中坚力量
有经验者	（1）具有必要的基础知识、技能，这些知识和技能集中于本专业的某一个领域 （2）能够运用现有的程序和方法解决问题，但这种问题不需要进行深入分析 （3）在适当的指导下，能够完成工作，对于例行性工作，有多次独立完成工作的经验 （4）能够理解本专业领域中的发展趋势 （5）工作是在他人监督下进行的，工作的进度也是由他人确定的 （6）能够发现流程中存在的一般问题 （7）被认为是业务实施的基层主体
初做者	（1）能够做好被安排的一般性工作 （2）能够根据基本的工作准则和要求完成有限范围内的工作任务 （3）能够运用在培训和学习中学到的专业知识和流程 （4）在本专业领域有较少的工作经验，但这种经验是不够全面的，不能为独立开展工作提供支持 （5）对整个体系还只是局部的理解，对体系之间的相互关系还不能完全把握 （6）只能在指导下从事一些单一的、局部的工作

（四）管理职位族职级发展通道

管理职位族的职级规划不同于专业/技术职位族从两个维度进行区分，而是从战略管理、组织管理和人力资源管理3个维度进行规划，简称"管理三叶草"（图6-5）。

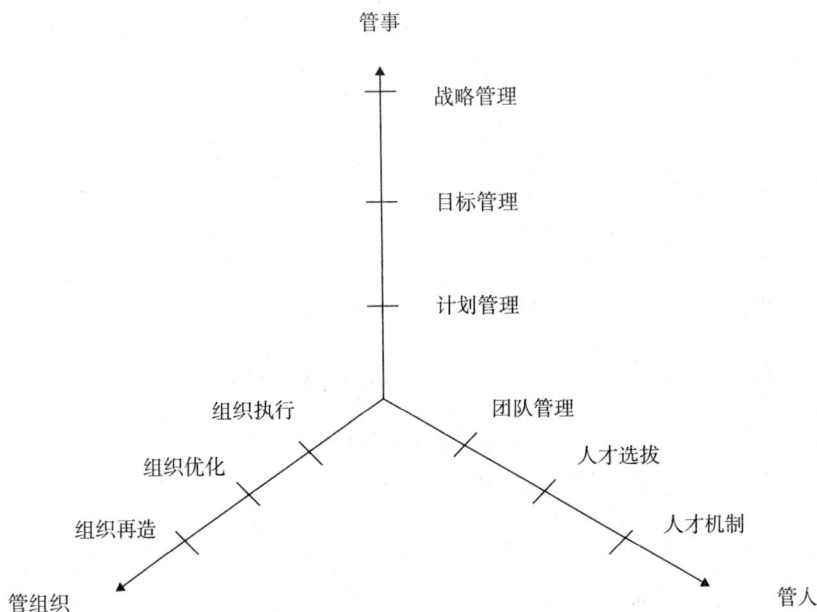

图 6-5　管理职位族职级规划

在图6-5中，每个维度各自又分为3个级别，分别对应管理职位族的3个职级，具体见表6-5。

（五）任职资格矩阵规划

任职资格矩阵是根据不同岗位对各项KCI及对应级别的要求，规划出来的任职资格列表。通过任职资格规划，企业可以清晰地了解岗位任职要求，同时还可以发现同一KCI对不同岗位的级别要求差异。另外，任职资格矩阵也为下一步建立岗位KCI奠定基础。

表 6-5 管理职位族职级对比

维度 ＼ 职级	监督者	管理者	领导者
管事	任务管理：按照既定的工作任务目标，带领团队成员按计划完成任务	目标管理：需要确定团队目标，并能够将目标进行分解，组织团队成员完成	战略管理：根据内外部环境，明确组织发展战略，并通过资源合理配置，完成组织战略
管人	团队管理：带领一个团队完成工作，并能够对每个团队成员进行必要的激励	人才选拔：能够根据团队成员的特长及喜好建立团队内部的选拔机制	人才机制：帮助企业建立"公平、合理"的人才选、用、育、留机制
管组织	组织执行：组织运营程序明确，只需要按既定的流程执行便可完成任务	组织优化：需要不断优化和完善组织既定的运营规则，提升运行效率	组织再造：需要打破既定的组织运行规则，建立全新的运营流程和制度体系

【案例6-3】江苏某企业岗位任职资格矩阵（表6-6）

表 6-6 江苏某企业岗位任职资格矩阵

岗位名称	领导能力	决策能力	目标计划能力	组织协调能力	过程监控能力	团队建设能力	创新能力	敬业精神	责任心	诚信	战略意识	大局意识	创新意识	结果导向
总经理	4级	4级	4级	4级	4级	4级	4级	√	√	√	√	√	√	√
营销中心副总	4级	4级	4级	4级	4级	4级	4级	√	√	√	√	√	√	√
运营中心副总	4级	4级	4级	4级	4级	4级	4级	√	√	√	√	√	√	√
财务投资副总	4级	4级	4级	4级	4级	4级	4级	√	√	√	√	√	√	√
总经理助理	4级	4级	4级	4级	4级	4级	4级	√	√	√	√	√	√	√
企业管理部经理	3级	3级	4级	3级	3级	3级	3级	√	√	√	√	√	√	√
绩效主管	2级	2级	3级	2级	2级		2级	√	√	√	√	√	√	√
流程主管	3级	3级	3级	4级	4级		4级	√	√	√	√	√	√	√
IT部经理	3级	2级	3级	3级	2级	3级	3级	√	√	√	√	√	√	√
IT高级工程师		1级	1级	1级	1级		3级	√	√	√			√	√
IT工程师							2级	√	√	√			√	√
行政部经理	2级	2级	2级	3级	2级	3级	3级	√	√	√	√	√	√	√

续表

岗位名称	领导能力	决策能力	目标计划能力	组织协调能力	过程监控能力	团队建设能力	创新能力	敬业精神	责任心	诚信	战略意识	大局意识	创新意识	结果导向
行政专员							2级	√	√	√			√	√
宣传专员							2级	√	√	√			√	√
后勤专员							2级	√	√	√			√	√
EHS管理专员							2级	√	√	√			√	√
人力资源部经理	4级	3级	3级	4级	4级	3级	3级	√	√	√	√	√	√	√
人事主管	2级	2级	2级	2级	3级	3级	1级	√	√	√			√	√
薪酬绩效主管	2级	2级	2级	2级	3级	2级	1级	√	√	√			√	√
人事高级专员							2级	√	√	√			√	√
招聘培训专员							2级	√	√	√			√	√
薪酬绩效专员							1级	√	√	√			√	√
审计监察部经理	2级	2级	2级	2级	2级	2级	3级	√	√	√		√	√	√
审计主管		2级	1级	1级	1级	1级	2级	√	√	√		√	√	√

三、素质指标定义

KCI 定义方式与 KPI 不同，KCI 定义相对比较简单。KCI 是对人不对事的指标，它与人有关，而人又必须与岗位及岗位任职资格挂钩。一名员工针对一个低素质要求的岗位而言，他的 KCI 得分可能会很高；同样一个人，如果针对一个高素质要求的岗位而言，他的 KCI 得分可能会很低。比如说，在企业内部可能会有技术员、助理工程师、工程师、高级工程师、主任工程师、总工程师等不同等级的技术岗位，不同等级技术岗位的任职资格会存在很大的差异，因此我们就不能拿工程师的任职资格要求去评价一名助理工程师，同样也不能拿高级工程师的任职资格要求去评价一名主任工程师。

对 KCI 的定义，通常从以下 8 个维度进行。

（1）指标名称。与 KPI 一样，企业也需要为每项 KCI 指定名称。

（2）指标编号。给每项 KCI 确定一个企业范围内的唯一编号。

（3）指标含义。为每项 KCI 确定企业内部的标准定义。

（4）指标等级。与岗位任职资格中对各项素质的要求相似，企业在进行 KCI 定义的时候必须对每项 KCI 分级，并对每级对应的标准进行描述。通常可以分为 1 级、2 级、3 级、4 级，不同级别对应的岗位可以参考岗位任职资格。表 6-7 为一个示例。

表 6-7　执行能力定义与分级

执行能力定义	分级描述			
	1 级	2 级	3 级	4 级
贯彻执行岗位、部门或企业交办的工作任务，有效达到目标的能力	能按时完成上级主管领导交办的各项工作任务	能利用有效的方法和途径，较圆满地按时完成工作任务	经常提前完成工作任务，能主动思考并提出有效提高工作效益的建议	能够充分利用资源，不断创新提高完成工作任务的方法并善于实践总结

（5）指标考核周期。对于 KCI 的考核，在绩效管理体系中一般情况下用年、半年就可以了。但 KCI 还可以用于员工的面试、试用期、试岗期、适岗率评价环节，这些环节的考核周期要根据具体情况确定。

（6）数据输出部门。KCI 的数据输出部门通常有两个：其一为员工的直接上级；其二为企业的人力资源部。

（7）数据输出时间。如果 KCI 用于绩效管理，则数据输出时间与企业绩效管理体系要求的时间一致；如果 KCI 用于其他领域，数据输出时间则需要根据具体情况确定。

（8）评价模型。由于 KCI 全部都是定性指标，为了清晰、便于操作，企业可以参考 KPI 定性指标定义办法对每项 KCI 建立评估模型。

【案例 6-4】KCI 定义（表 6-8、表 6-9）

表 6-8　KCIs 定义：执行能力（1 级）

指标名称	执行能力（1 级）	指标编号	KCIs-001-01
指标含义	贯彻执行岗位、部门或企业交办的工作任务，有效达到目标的能力		
指标等级	1 级	指标考核周期	半年
数据输出部门	直接上级或人力资源部	数据输出时间	每年 1 月、7 月

执行能力（1 级）评价表

	远低于要求			低于要求			达到要求			高于要求		
	10 分	20 分	30 分	40 分	50 分	60 分	70 分	80 分	90 分	100 分	110 分	120 分
能按时完成上级主管领导交办的各项工作任务												

表 6-9　KCIa 定义：大局意识（2 级）

指标名称	大局意识（2 级）	指标编号	KCIa-001
指标含义	能够站在企业的角度来考虑整体问题与平衡整体利益的意识		
指标等级	2 级	指标考核周期	半年
数据输出部门	直接上级或人力资源部	数据输出时间	每年 1 月、7 月

大局意识（2 级）评价表

	远低于要求			低于要求			达到要求			高于要求		
	10 分	20 分	30 分	40 分	50 分	60 分	70 分	80 分	90 分	100 分	110 分	120 分
能够站在企业的角度来完成企业对部门的使命要求，同时能够兼顾企业的整体利益与长期发展需求												

第七章

绩效指标应用与维护

　　绩效指标的应用范围很广，包括对公司、部门及员工绩效考核、试用期员工考核、适岗期员工考核、优才计划、员工培训等。

　　绩效指标因为企业的发展战略而存在，也必将因为企业战略目标的不断调整而完善。绩效指标不是静止的，它需要根据企业战略重点的变化与调整进行动态完善与维护。

一、绩效指标应用

　　绩效指标建立起来之后，就需要对绩效指标加以应用。目前，绝大多数企业将绩效指标仅仅应用于对各个绩效考核上，但实际上绩效指标除了用于对部门的绩效考核之外，还可以用于以下几个方面。

　　（1）公司绩效评价。对于公司绩效的评价，我们用KPIs就足够了。

　　（2）部门绩效评价。对于绩效指标在部门绩效考核中的应用在本书前几章都有阐述，在此不再表述。

　　（3）员工绩效评价。我们知道绩效指标是结合企业的发展战略建立起来的，对部门这个层面我们可以直接利用里面的绩效指标进行考核，在员工这个层面上同样可以利用绩效指标管控。因为绩效指标当中提到的所有指标都是针对部门的，而每个部门的工作需要下属各个岗位来承接，同样，每个岗位在这时候也就承接了部门的各个绩效指标，按照这样的思路，我们只需要对部门的绩效指标进行分解，就可以直接得到每个岗位的绩效指标了。所以说，公司绩效指标同样可以指导部门进行员工绩效管理。

　　（4）公司战略改进。绩效指标的每个指标不但可以反映指标承担部门的工作状况，同样也可以从不同的角度折射出公司战略执行的状况，所以说绩效指标可以帮助企业发现战略执行过程中的"短板"，进而通过对"短板"的不断修缮，以达到改进公司战略的目的。

　　（5）公司流程优化。企业可以通过对KPIp的评价，及时发现流程存在的问题，并及时加以改善，确保公司流程顺畅、高效。

【案例】深圳某企业集成供应链 KPI 绩效分析

深圳某企业是一家通信产品研发、生产与销售的高科技企业。2017 年我们曾经帮助该企业系统提升供应链核心能力，为了发现该企业供应链存在的问题，我们选取了部分供应链 KPI 绩效数据进行了分析，分别为生产计划达成率（生产计划管理流程）（见表 7-1、图 7-1）、采购齐套率（采购管理流程）（见表 7-2、图 7-2）、来料品质合格率（采购品质管理流程）（见表 7-3、图 7-3）、售后返修率（成品管理流程）（见表 7-4、图 7-4）。

表 7-1　深圳某企业生产计划达成率

年度	1月	2月	3月	4月	5月	6月	7月	8月	9月	10月	11月	12月
2016	92%	80%	75%	79%	62%	83%	91%	79%	94%	55%	88%	71%
2017	90%	81%	81%	90%	81%	80%	81%	89%	91%	87%	93%	88%

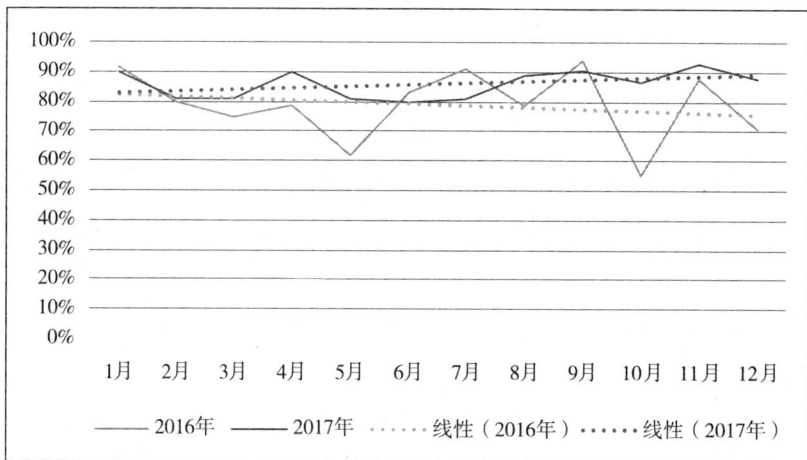

图 7-1　深圳某企业生产计划达成率趋势分析

从图 7-1 可以看出，2017 年该企业生产计划达成率进步明显，整体趋势明显向好，说明该企业生产计划管理流程发挥了很大的作用。

表 7-2　深圳某企业采购齐套率

年度	1月	2月	3月	4月	5月	6月	7月	8月	9月	10月	11月	12月
2016	82%	92%	94%	87%	86%	90%	92%	90%	94%	88%	90%	81%
2017	90%	83%	91%	90%	91%	92%	91%	89%	91%	97%	93%	96%

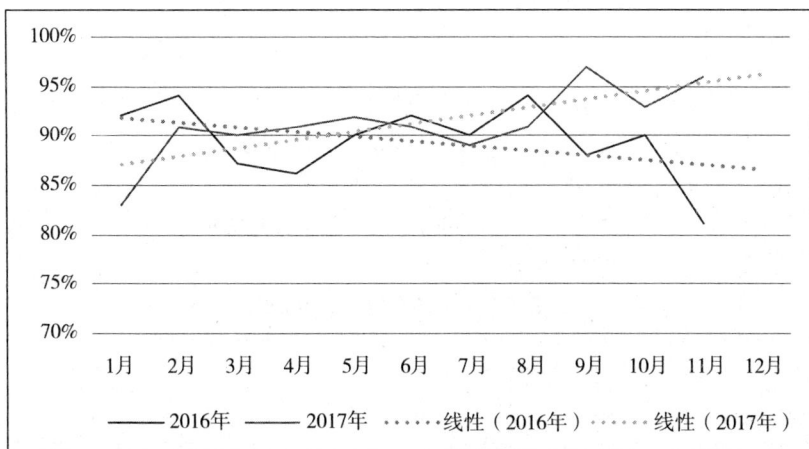

图 7-2　深圳某企业采购齐套率趋势分析

如图 7-2 所示，采购齐套率 2016 年全年平均为 88.9%，2017 年全年平均为 91.1%，2017 年较 2016 年有一定的提升。从数据增长趋势来看，2017 年进步明显。

表 7-3　深圳某企业来料品质合格率

年度	1月	2月	3月	4月	5月	6月	7月	8月	9月	10月	11月	12月
2016	89%	98%	97%	91%	95%	89%	93%	93%	92%	90%	88%	90%
2017	92%	86%	88%	96%	96%	95%	97%	96%	95%	90%	88%	87%

如图 7-3 所示，2016 年来料品质合格率下滑非常严重，2017 年下滑趋势较 2016 年稍有遏制；来料品质合格率指标波动很大，这说明企业对来料品质的可控性很差，需要对来料品质管理流程进行系统优化与再造。

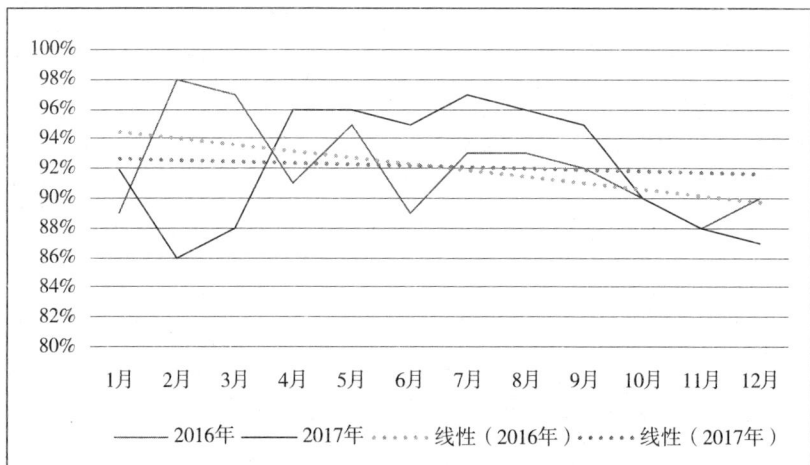

图 7-3　深圳某企业来料品质合格率趋势分析

表 7-4　深圳某企业售后返修率

年度	1月	2月	3月	4月	5月	6月	7月	8月	9月	10月	11月	12月
2016	12%	14%	18%	13%	20%	19%	12%	10%	18%	16%	17%	21%
2017	12%	10%	12%	11%	4%	7%	8%	9%	6%	4%	2%	3%

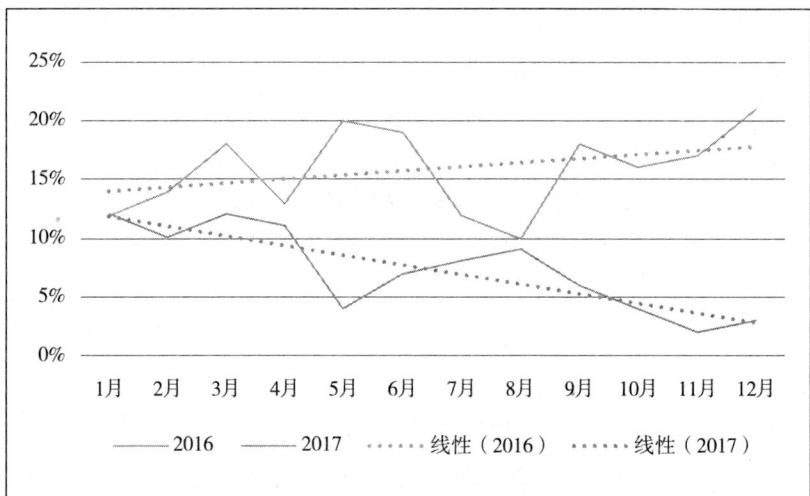

图 7-4　深圳某企业售后返修率趋势分析

如图 7-4 所示，2016 年售后返修率平均为 15.8%，2017 年售后返修率平均为 7.3%,售后返修率明显下降。

通过以上分析不难得出,该企业在计划管理、采购管理及采购物料质量方面均存在很多问题,该企业可以将计划、采购相关流程作为重点优化的对象。

(6)部门履职检讨。企业内部有很多部门,那么每个部门是不是都能够按照既定的部门职责履行呢,企业可以通过对 KPIo 的评价,发现问题。

(7)员工面试。员工面试经常会用到 KCI,结合岗位任职资格编制招聘计分卡,将岗位要求的 KCI 转化成面试题库或者面试评价问卷,这对企业提高招聘效率会有很大的帮助。

(8)试用期及试岗期考核。员工试用期或者适岗期结束后,能否顺利转正,这取决于员工在试用期或者适岗期的表现。试用期或者适岗期的工作业绩可以用 KPI 来评价,适岗状况可以用 KCI 评价。

(9)绩效指标在其他方面的应用,诸如优才计划、员工培训、职业生涯、员工异动、年度评优等方面的应用需要进一步探讨和研究。

总之,绩效指标对企业经营来讲,可以说是非常之重要的。企业关注发展、关注绩效,就不能忽视对绩效指标的关注与管理。

下面我们就绩效指标在不同领域的应用场景举例说明。

1. 绩效指标在绩效考核中的应用(见表 7-5~ 表 7-7)

表 7-5　公司年度绩效考核

KPIs	基本目标	期望目标	权重	加减分描述	实际达成	数据来源	得分
合计	/	/	100%	/	/	/	

表 7-6　部门季度绩效考核

KPI	基本目标	期望目标	权重	加减分描述	实际达成	数据来源	得分
小计	/	/	70%	/	/	/	
年度关键事项	月份	项数	权重	加减分描述	实际达成	数据来源	得分
小计	/	/	30%	/	/	/	
合计	/	/	100%	/	/	/	

备注：部门季度 KPI 中，可能包括 KPIs、KPIp、KPIo

表 7-7　员工绩效考核

KPI	权重	加减分描述					实际达成	数据来源	得分
小计	70%	/					/	/	
KCI	定义	权重	D 级	C 级	B 级	A 级	S 级	实际达成	数据来源	得分
小计	30%	/					/	/		
合计	100%	/					/	/		

备注：员工绩效考核表中的 KPI，可能包括 KPIs、KPIp、KPIo，中高层更趋向于 KPIs、KPIp，基层员工更趋向于 KPIp、KPIo

2. 绩效指标在员工招聘中的应用（见表7-8）

表7-8 员工招聘计分卡

应聘人姓名		应聘岗位		用人部门		
岗位使命						

关键工作成果及评价记录（40%）

关键工作成果描述		评价及结论	评分
关键工作成果平均分			

KCIs 及评价结果（40%）

KCIs	定义	参考问题	评价及结论	评分
KCIs 平均分				

KCIa 及评价结果（20%）

KCIa	定义	参考问题	评价及结论	评分
KCIa 平均分				

文化适应性评估

评价记录	

面试评估小结

最终得分	
面试结果	
备注	（1）最终得分 = 关键工作成果平均分 ×40%+KCIs 平均分 ×40%+KCIa 平均分 ×20% （2）员工招聘计分卡最终得分低于 75 分视为面试不合格

3. 绩效指标在员工试用期、试岗期评价中的应用（见表7-9）

表7-9　员工试用期、适岗期评价

员工姓名		岗位名称		所在部门	
试用期工作评价（40%）					
月份	试用期（试岗期）工作综述			员工自评	直接上级评价
第1个月					
第2个月					
第3个月					
试用期（试岗期）工作平均分					
试用期（试岗期）KCIs评价（40%）					
KCIs	定义			员工自评	直接上级评价
试用期（试岗期）KCIs平均分					
试用期（试岗期）KCIa评价（20%）					
KCIa	定义			员工自评	直接上级评价
试用期（试岗期）KCIa平均分					
试用期（试岗期）评价小结					
试用结果					
备注	（1）最终得分＝试用期（试岗期）工作平均分×40%+KCIs平均分×40%+KCIa平均分×20% （2）员工自评分作为参考，与直接上级评价差别超过20分时需与直接上级确认 （3）员工试用期评价最终得分低于75分视为试用期不合格				

4. 绩效指标在干部年度述职中的应用（见表 7-10）

表 7-10　干部年度述职评价

KCI		D（远低于目标）	C（低于目标）	B（达到目标）	A（高于目标）
公司战略执行	公司战略理解	对公司发展战略和年度经营计划基本上不了解，同时也不能做到主动了解	对公司发展战略和年度经营计划有一般了解	对公司发展战略和年度经营计划清楚，对领导交办的各项工作理解充分	对公司中长期发展战略清晰，年度经营计划非常清楚，理解领导的管理意图
	执行能力	常常不能按时完成上级交办的工作任务，工作质量较差	基本能够按时完成上级交办的工作任务，工作质量达到合格要求	能够按时完成上级交办的工作任务，工作质量良好	能够充分利用资源，提前完成上级交办的工作任务，工作质量高，并善于总结提高
部门之间协调	部门之间协调能力	部门之间协调本位主义思想严重，不能进行有效协调，态度恶劣	基本上能够按照本部门职责范围进行相关工作协调，态度一般	能够站在对方立场思考问题，部门之间工作协调容易，沟通态度良好	站在公司战略实现和流程快速实现的立场与相关部门进行工作协调，态度积极、主动
部门内部管理	评估下属能力	无法正确评估下属	能够按公司要求对下属做出基本准确的评估	能较为合理地评价下属的技能和绩效，指出其不足	能合理评价下属的技能和绩效，使下属心服口服，并能使下属明确努力的方向
	培养下属能力	不能对下属进行培训和指导	能够提供基本的培训和指导，但往往不能抓住下属需要培训的薄弱环节	能够针对下属的薄弱环节提供针对性的培训指导，下属的知识、能力有一定提高	对下属的能力和特长了解清楚，制定针对性的培训方案培训下属，下属的提拔率高
	激励下属能力	工作主要靠行政命令与指示	有一定的激励手段，但不能充分发挥作用，员工积极性不高	能够利用奖励和表彰等方式提高员工积极性	了解他人的需求，善于引导下属积极主动地工作，用奖励和表彰等方式提高积极性，并使员工积极努力地工作
	过程控制能力	对于下属的工作过程没有控制，放任自流	虽能与员工沟通，但缺乏对员工的指导和协助	能够与下属沟通，注重过程管理，指导和协助员工完成任务	能够充分与下属沟通，督导下属及时反馈工作进展，提出的意见指导性强，让下属对自己的工作担负责任

续表

	KCI	D（远低于目标）	C（低于目标）	B（达到目标）	A（高于目标）
	团队建设能力	不能有效调动团队成员的力量，内部矛盾重重、人浮于事，团队气氛差	能够通过基本的管理活动增强团队成员的积极性，团队气氛较好	通过较多的管理活动，激发团队成员的积极性、工作热情、团队成员协作精神较强	通过丰富的管理活动打造团队，使团队具有很强的凝聚力和向心力，团队成员热情饱满、相互配合、积极性高、业绩优秀
对外关系协调	人际交往能力	刚愎自用，不易与他人相处，自我封闭，影响公司对外工作开展和声誉，使公司蒙受经济损失	较为自我，不易与他人建立长期关系	能够与他人建立可信赖的长期关系	易与他人建立可信赖的积极发展的长期关系
	口头表达能力	口头表达含糊其辞，意图不明，常常让对方不明其意	语言欠清晰，但尚能表达意图，有时需反复解释	抓住要点，表达意图，陈述意见，不太需要重复说明	简明扼要，具有出色的谈话技巧，易于理解
	书面表达能力	文理不通，意图不清，需作大修改	文章不够通顺，但尚能表达清楚主要意图	几乎不需修改补充，能比较准确地表达意见	表达清晰、简洁，易于理解
自身能力	计划能力	工作无计划，随意，常出差错	能大致编制可行的计划，并按计划执行，不太注意细节，偶有差错发生	能编制详细可行的计划，并按计划执行，注意细节，偶有差错发生能迅速改正	编制的计划可行性强，能够按照计划严格执行，并确保在每个细节上减少差错
	解决问题能力	遇到问题，束手无策，经常需要求助于上级处理	发生问题，能够去想解决办法，但有时抓不住关键	问题发生后，能够分辨关键问题，找到解决办法，并设法解决	能迅速理解并把握复杂的事物，发现明确关键问题、找到解决办法
	学习能力	不善于接受新知识、新技能，不能满足工作的需要	能够在上级或相关部门的要求、指导下学习新知识、新技能，基本满足工作的需要	能够自发地学习与工作职位相关的新知识、新技能，自身职位中遇到的一般问题都能得到解决	学习欲望强，知识面广，不仅能自发学习新知识、新技能并解决职位实际问题，对于相关职位的知识和技能也有一定的掌握，并协助解决一些实际问题
职业素养	责任心	面对任务，设法逃避	能够履行职位职责，承担应有的责任	勇于接受任务，承担责任，出现问题时不推脱	能勇于接受艰巨任务，出现问题时勇于承担责任
	主动性	工作态度消极，经常怠工，常常不能按时完成工作任务	工作缺乏主动性，有时无故不能完成工作任务	工作积极主动，能够按时完成工作任务	在行动上表现出很强的紧迫感，不靠上级压力，主动性非常强，一切都以工作为重

续表

KCI		D（远低于目标）	C（低于目标）	B（达到目标）	A（高于目标）
职业素养	团队精神	很少与团队成员合作，表现的过分个人主义	能与他人合作沟通，但有时表现出个人主义倾向	能与他人合作沟通，实现优势互补，取得较好效果	能与他人密切合作，加强整体团结，发挥群体中每个人的作用，以取得最佳效果
	服务意识	常常不能按照职责要求为内外部客户、其他同事、上下级等提供配合	基本上能按照职责要求协助并配合内外部客户、其他同事、上下级的工作	能够按照职责要求主动为内外部客户、其他同事、上下级提供协助和配合，态度良好	以内外部客户为尊，重视对同事、上下级的配合和协助，主动关注其需求，并提供优质服务

5. 绩效指标在员工薪酬定级评价中的应用（见表7-11）

表7-11　员工薪酬定级评价

KPI 评价得分：分						
0 分	0~2 分	2~4 分	4~6 分	6~8 分	8~10 分	10~12 分
无法完成工作所需要的最低业绩标准	只能实现岗位的初步业绩要求	基本上能实现岗位的业绩要求，但有待于提高	能实现岗位的业绩要求，表现一般	比较良好地实现了岗位的业绩要求	出色地完成了岗位的业绩要求	超额完成了岗位的业绩要求

KCIs 评估得分：分						
0 分	0~2 分	2~4 分	4~6 分	6~8 分	8~10 分	10~12 分
技能非常差，完全不能独立完成该岗位工作	掌握了最简单的几项技能，但还不能有效胜任该岗位工作	掌握了胜任该岗位所要求的部分技能，还有部分技能待进一步提高	基本掌握了胜任该岗位所要求的大部分的技能，但都处于普通状态	掌握了胜任该岗位所要求的绝大部分的技能，而且有些方面已经比较出色	完全掌握了胜任该岗位所要求的各方面的技能，而且非常优秀	以卓越的技能和优秀的成果给企业带来了直接的经济（社会）效益
不足 1/5 的技能项目达到要求	近 1/5 的技能项目达到要求	近 2/5 的技能项目达到要求	近 3/5 的技能项目达到要求	近 4/5 的技能项目达到要求	全部技能项目都能达到要求	全部技能项目都能达到要求，部分项目超过岗位要求

KCIa 评估得分：分						
0 分	0~2 分	2~4 分	4~6 分	6~8 分	8~10 分	10~12 分
职业素养非常差，其行为、理念完全背离了企业的价值观	职业素养偏低，自我控制力较弱，经常有出现背离企业要求的行为	职业素养一般，比较自我，需要进一步提高	职业素养处于普通状态，基本能按企业要求实现自我控制和管理	具备了良好的职业素养，经常得到他人称赞	具备优秀的职业素养，以榜样影响身边的人	以优秀的人格魅力影响着企业的每个人
不足 1/5 的素养项目达到要求	近 1/5 的素养项目达到要求	不足 2/5 的素养项目达到要求	不足 3/5 的素养项目达到要求	不足 4/5 的素养项目达到要求	全部素养项目都能达到要求	全部素养项目都能达到要求，部分项目超过岗位要求

二、绩效指标维护

绩效指标因为企业的发展战略而存在，也必将因为企业战略目标的不断调整而完善。很多企业认为，绩效指标的建立过程很复杂，在建立绩效指标的过程中已经考虑到了企业的发展战略，但他们忽视了"计划没有变化快"的哲理。企业的外围环境随时都在发生变化，企业自身的能力随时都在变化，企业的生存空间随时都在发生变化，相应地，企业的发展战略也随时都在保证大方向不变的前提下进行调整，那么如果企业绩效指标不随之改变的话，又怎么能保证指标的公平性呢？

第八章

常用绩效指标

为了让读者能够全面理解常用 KPI、KCI，并加以应用，本章一共整理了常用的 KPIs 30 项、KPIp 30 项、KPIo 28 项、常用定性 KPI 28 项、KCIs 32 项、KCIa 15 项。

一、常用 KPI

（一）市场营销类常用 KPI（见表 8-1）

表 8-1　市场营销类常用 KPI

KPI 类型	KPIs（4 项）	KPIp（6 项）	KPIo（2 项）
市场类		客户投诉次数 客户投诉有效处理率 客户满意度	品牌建设计划通过批准时间
销售类	销售收入 新产品销售收入 新客户销售收入 呆坏账比率	新客户开发数量 货款回笼率	营销渠道建设计划通过批准时间
销售商务类		订单延误次数	

1. 市场类常用 KPI（见表 8-2～表 8-5）

表 8-2　客户投诉次数定义

指标名称	客户投诉次数	指标编号	MR-KPIp-01
指标来源	客户投诉处理流程	相关部门	市场部、销售部、品质部、制造部、仓储部、物流部、研发部

指标名称	客户投诉次数	指标编号	MR-KPIp-01
指标目的	收集客户不满意数据，改善内部管理		
计算公式	客户投诉次数 = 期内客户有效投诉次数		
特殊说明	（1）客户投诉包括交期、价格、服务、品质、商务、政策解读等 （2）客户投诉是否有效由营销总监判定		
计量单位	次	统计周期	月
指标极性	越小越好	数据输出部门	营销总监
数据输出时间	每月 5 日	指标考核周期	季
指标考核方法	减分法、层差法	指标性质	定量指标

表 8-3　客户投诉有效处理率定义

指标名称	客户投诉有效处理率	指标编号	MR-KPIp-02
指标来源	客户投诉处理流程	相关部门	市场部、销售部、品质部、制造部、仓储部、物流部、研发部
指标目的	及时处理客户投诉，提升客户满意度		
计算公式	客户投诉有效处理率 =（顾客各项投诉有效处理件数 / 顾客投诉总件数）× 100%		
特殊说明	未按《顾客投诉 / 抱怨处理表》处理顾客投诉，视为无效处理		
计量单位	%	统计周期	月
指标极性	越大越好	数据输出部门	营销总监
数据输出时间	每月 5 日	指标考核周期	季
指标考核方法	比率法	指标性质	定量指标

表 8-4　客户满意度定义

指标名称	客户满意度	指标编号	MR-KPIp-03
指标来源	客户满意度管理流程	相关部门	市场部、销售部、品质部、制造部、仓储部、物流部、研发部
指标目的	提升客户满意度		
计算公式	客户满意度 = 根据客户满意度测量问卷实际测得的客户满意度分数		
特殊说明	客户对公司提供的产品和服务在技术、功能、质量、稳定性等方面的满意度		
计量单位	分	统计周期	年
指标极性	越大越好	数据输出部门	营销总监

指标名称	客户满意度	指标编号	MR-KPIp-03
数据输出时间	每年 6 月 30 日	指标考核周期	年
指标考核方法	层差法、说明法	指标性质	定量指标

表 8-5 品牌建设计划通过批准时间定义

指标名称	品牌建设计划通过批准时间	指标编号	MR-KPIo-01
指标来源	部门职能	相关部门	市场部
指标目的	扩大品牌建设力度，提升品牌影响力		
计算公式	品牌建设计划通过批准时间 = 实际通过批准时间 − 计划时间		
特殊说明	（1）品牌建设规划应包括品牌定位、品牌宣传等内容 （2）以公司总经理签字批准日期为准		
计量单位	天	统计周期	年
指标极性	越小越好	数据输出部门	总经理
数据输出时间	每年 1 月 10 日	指标考核周期	年
指标考核方法	说明法、层差法、加分法、减分法	指标性质	定量指标

2.销售类常用 KPI（见表 8-6 ~ 表 8-12）

表 8-6 销售收入定义

指标名称	销售收入	指标编号	XS-KPIs-01
指标来源	公司年度经营计划	相关部门	销售部
指标目的	增加销售收入，达成公司年度目标		
计算公式	销售收入 = 期内所有产品实际销售收入		
特殊说明	销售收入均为不含税		
计量单位	万元	统计周期	月
指标极性	越大越好	数据输出部门	财务部
数据输出时间	每月 5 日	指标考核周期	季
指标考核方法	说明法、层差法	指标性质	定量指标

表8-7　新产品销售收入定义

指标名称	新产品销售收入	指标编号	XS-KPIs-02
指标来源	公司年度经营计划	相关部门	销售部、开发部
指标目的	加大新产品销售力度，优化公司产品结构		
计算公式	新产品销售收入 = 期内新产品实际销售额		
特殊说明	（1）新产品包括新规格、新用途、新品种、新材料产品 （2）新产品销售额据统计自该产品第一批生产日期及以后一年内		
计量单位	万元	统计周期	月
指标极性	越大越好	数据输出部门	财务部
数据输出时间	每月5日	指标考核周期	季
指标考核方法	说明法、层差法	指标性质	定量指标

表8-8　新客户销售收入定义

指标名称	新客户销售收入	指标编号	XS-KPIs-03
指标来源	公司年度经营计划	相关部门	销售部、市场部
指标目的	加大新客户开发力度，优化公司客户结构		
计算公式	新客户销售收入 = 期内新客户实际销售额		
特殊说明	新客户是指销售部新开发的客户，该客户自第一个订单的签订时间至以后的一年内销售额均算为新客户销售额		
计量单位	万元	统计周期	月
指标极性	越大越好	数据输出部门	财务部
数据输出时间	每月5日	指标考核周期	季
指标考核方法	说明法、层差法	指标性质	定量指标

表8-9　呆坏账比率定义

指标名称	呆坏账比率	指标编号	XS-KPIs-04
指标来源	公司年度经营计划	相关部门	销售部、财务部
指标目的	及时回款，确保应收款安全		
计算公式	呆坏账比率 =（呆坏账金额 / 销售收入）× 100%		
特殊说明	呆坏账认定具体见公司《呆坏账管理办法》		
计量单位	%	统计周期	月
指标极性	越小越好	数据输出部门	财务部

续表

指标名称	呆坏账比率	指标编号	XS-KPIs-04
数据输出时间	每月 5 日	指标考核周期	季
指标考核方法	比率法、减分法	指标性质	定量指标

表 8-10　新客户开发数量定义

指标名称	新客户开发数量	指标编号	XS-KPIp-01
指标来源	公司年度经营计划	相关部门	销售部、市场部
指标目的	增加销售收入，达成公司年度目标		
计算公式	新客户开发数量 = 期内新开发客户数量		
特殊说明	新客户开发以签约，并完成首期打款、提货为准		
计量单位	家	统计周期	月
指标极性	越大越好	数据输出部门	财务部
数据输出时间	每月 5 日	指标考核周期	季
指标考核方法	加分法、说明法	指标性质	定量指标

表 8-11　货款回笼率定义

指标名称	货款回笼率	指标编号	XS-KPIp-02
指标来源	公司年度经营计划	相关部门	销售部、财务部
指标目的	按期回笼资金		
计算公式	货款回笼率 =（当期货款回笼额 / 计划回笼额）× 100%		
特殊说明	（1）当期货款回笼以财务到账为准 （2）计划回笼额以销售合同付款时间为准		
计量单位	%	统计周期	月
指标极性	越大越好	数据输出部门	财务部
数据输出时间	每月 5 日	指标考核周期	季
指标考核方法	说明法、层差法	指标性质	定量指标

表 8-12　营销渠道建设计划通过批准时间定义

指标名称	营销渠道建设计划通过批准时间	指标编号	XS-KPIo-01
指标来源	部门职能	相关部门	销售部
指标目的	根据公司经营规划及市场策略，开发优质客户		

指标名称	营销渠道建设计划通过批准时间	指标编号	XS-KPIo-01
计算公式	营销渠道建设计划通过批准时间 = 实际通过批准时间 − 计划时间		
特殊说明	（1）渠道建设规划包括：目标市场规划、新产品规划、营销市场开拓等 （2）以公司总经理签字批准日期为准		
计量单位	天	统计周期	年
指标极性	越小越好	数据输出部门	总经理
数据输出时间	每年 1 月 10 日	指标考核周期	年
指标考核方法	说明法、层差法、加分法、减分法	指标性质	定量指标

3. 销售商务类常用 KPI（见表 8-13）

表 8-13　订单延误次数定义

指标名称	订单延误次数	指标编号	SW-KPIp-01
指标来源	销售订单管理流程	相关部门	生产技术部
指标目的	确保销售订单准时交付		
计算公式	订单延误次数 = 期内重大订单未按顾客要求（质量、数量、交期）而造成订单延误的次数		
特殊说明	订单延误以订单约定时间为准，订单变更的以变更后的时间为准		
计量单位	次	统计周期	月
指标极性	越小越好	数据输出部门	财务部
数据输出时间	每月 5 日	指标考核周期	季
指标考核方法	减分法，说明法	指标性质	定量指标

（二）产品研发类常用 KPI（见表 8-14 ~ 表 8-18）

表 8-14　产品研发类常用 KPI

KPI 类型	KPIs（1 项）	KPIp（1 项）	KPIo（2 项）
产品研发类	新产品盈利贡献比重	新开发项目完成率	产品调研及项目可行性研究报告完成质量 技术创新项目数

表 8-15 新产品盈利贡献比重定义

指标名称	新产品盈利贡献比重	指标编号	YF-KPIs-01
指标来源	年度经营计划、产品战略	相关部门	研发部、销售部
指标目的	提升新产品占比		
计算公式	新产品盈利贡献比重 =（当期新产品实际利润 / 同期公司税前利润总额）×100%		
特殊说明	新产品为期 1 年，即从新产品开始销售当月开始统计，连续 12 个月的销售额均为新产品销售收入		
计量单位	万元	统计周期	月
指标极性	越大越好	数据输出部门	财务部
数据输出时间	每月 8 日	指标考核周期	年
指标考核方法	比率法、说明法、加分法	指标性质	定量指标

表 8-16 新开发项目完成率定义

指标名称	新开发项目完成率	指标编号	YF-KPIp-01
指标来源	新产品开发流程	相关部门	开发部、工程技术部、品质部、生产部、采购部
指标目的	加强新产品开发管理，提升新产品开发效率与成功率		
计算公式	新开发项目完成率 =（实际新产品开发项目完成数量 / 计划新产品开发项目数量）×100%		
特殊说明	计划新产品开发项目数量以公司年度新产品开发计划为准		
计量单位	%	统计周期	季
指标极性	越大越好	数据输出部门	产品委员会
数据输出时间	每季次月 10 日	指标考核周期	季
指标考核方法	比率法	指标性质	定量指标

表 8-17 产品调研及项目可行性研究报告完成质量定义

指标名称	产品调研及项目可行性研究报告完成质量	指标编号	YF-KPIo-01
指标来源	部门职能	相关部门	市场部、开发部、销售部
指标目的	提升市场洞察能力，提高产品立项成功率		
计算公式	以最终评价得分为准		
特殊说明	具体评价细则见《产品调研及项目可行性研究报告完成质量评价标准》		

续表

指标名称	产品调研及项目可行性研究报告 完成质量	指标编号	YF-KPIo-01
计量单位	分	统计周期	季
指标极性	越大越好	数据输出部门	研发总监
数据输出时间	每季次月 10 日	指标考核周期	季
指标考核方法	说明法	指标性质	定性指标

表 8-18 技术创新项目数定义

指标名称	技术创新项目数	指标编号	YF-KPIo-02
指标来源	部门职能	相关部门	开发部
指标目的	鼓励技术创新，提升产品竞争能力		
计算公式	技术创新项目数＝在规定期限内完成的技术创新项目数量		
特殊说明	具体参见《技术革新实施细则》		
计量单位	个	统计周期	月
指标极性	越大越好	数据输出部门	企管部
数据输出时间	每月 5 日	指标考核周期	季
指标考核方法	加分法	指标性质	定量指标

（三）集成供应链类常用 KPI（见表 8-19）

表 8-19 集成供应链类常用 KPI

KPI 类型	KPIs（9 项）	KPIp（12 项）	KPIo（9 项）
计划类		生产计划达成率	
生产技术类	模具产值 模具利润	产品工艺定额标准审核与修 订计划达成率 设备稼动率 主要设备完好率	模具生产产品量试合格率 设备事故或故障影响产量的次数 新建生产线或通过设备改造增加 产能
采购类	采购成本降低额度 达标率	外发退货率 采购报价达标率 准时交货达标率 标准件采购招标率	供应商管理体系有效性评价
生产类	生产成本降低率 生产废品损失率	生产作业计划达成率	

KPI 类型	KPIs（9 项）	KPIp（12 项）	KPIo（9 项）
品质类	客户退货不良率 质量失败成本率 质量成本	原材料一次交检合格率 成品一次交检合格率	外审严重不合格项 外审一般不合格项 质量体系实施有效性评价
仓储物流类	每公里吨产品运输费用	交货及时率	存货周转天数 物流破损率

1. 计划类常用 KPI（见表 8-20）

表 8-20　生产计划达成率定义

指标名称	生产计划达成率	指标编号	SC-KPIp-01
指标来源	生产计划管理流程	相关部门	生产部
指标目的	确保生产按计划进行		
计算公式	生产计划达成率 =（实际完成产量 / 计划产量）×100%		
特殊说明	计划产量包括月度计划、期间变更计划和临时追加计划		
计量单位	%	统计周期	月
指标极性	越大越好	数据输出部门	销售商务部
数据输出时间	每月 5 日	指标考核周期	季
指标考核方法	比率法	指标性质	定量指标

2. 生产技术类常用 KPI（见表 8-21 ~ 表 8-28）

表 8-21　模具产值定义

指标名称	模具产值	指标编号	SJ-KPIs-01
指标来源	年度经营计划	相关部门	生产技术部
指标目的	提高模具设计、制造能力		
计算公式	模具产值 = 模具每年实现产值		
特殊说明	模具产值数据以财务报表为准		
计量单位	万元	统计周期	月
指标极性	越大越好	数据输出部门	财务部
数据输出时间	每月 10 日	指标考核周期	季
指标考核方法	说明法	指标性质	定量指标

表 8-22　模具利润定义

指标名称	模具利润	指标编号	SJ-KPIs-02
指标来源	年度经营计划	相关部门	生产技术部
指标目的	提高模具设计、制造能力		
计算公式	模具利润 = 模具每年实现毛利润		
特殊说明	模具利润以财务报表为准		
计量单位	万元	统计周期	月
指标极性	越大越好	数据输出部门	财务部
数据输出时间	每月 10 日	指标考核周期	季
指标考核方法	说明法	指标性质	定量指标

表 8-23　产品工艺定额标准审核与修订计划达成率定义

指标名称	产品工艺定额标准审核与修订计划达成率	指标编号	SJ-KPIp-01
指标来源	定额管理流程	相关部门	生产技术部、生产部
指标目的	提升工艺定额确定性		
计算公式	产品工艺定额标准审核与修订计划达成率 =（产品工艺定额标准审核与修订实际个数 / 计划个数）×100%		
特殊说明	（1）产品工艺定额标准审核和修订周期由生产技术部确定，并报企管部备案 （2）生产部负责提交年、季、月度库存报表作为生产技术部工艺定额修改的依据		
计量单位	%	统计周期	月
指标极性	越大越好	数据输出部门	生产部
数据输出时间	每月 5 日	指标考核周期	季
指标考核方法	比率法	指标性质	定量指标

表 8-24　设备稼动率定义

指标名称	设备稼动率	指标编号	SJ-KPIp-02
指标来源	设备管理流程	相关部门	生产技术部、生产部
指标目的	提升设备利用效率		
计算公式	设备稼动率 =（设备实际使用机时数 / 设备核定开机总时数）×100%		
特殊说明	设备实际使用机时数以生产部门设备记录台账为准		
计量单位	%	统计周期	月

指标名称	设备稼动率	指标编号	SJ-KPIp-02
指标极性	越大越好	数据输出部门	生产部
数据输出时间	每月 5 日	指标考核周期	季
指标考核方法	比率法	指标性质	定量指标

表 8-25　主要设备完好率定义

指标名称	主要设备完好率	指标编号	SJ-KPIp-03
指标来源	设备管理流程	相关部门	生产技术部、生产部
指标目的	提升设备利用效率		
计算公式	主要设备完好率 =（主要设备完好台数 / 主要设备总数）× 100%		
特殊说明	（1）主要设备由生产技术部、生产部共同确定，设备完好标准见《设备管理制度》 （2）生产技术部负责建立公司主要设备及完好台账		
计量单位	%	统计周期	月
指标极性	越大越好	数据输出部门	生产部
数据输出时间	每月 5 日	指标考核周期	季
指标考核方法	比率法	指标性质	定量指标

表 8-26　模具生产产品量试合格率定义

指标名称	模具生产产品量试合格率	指标编号	SJ-KPIo-01
指标来源	部门职能	相关部门	生产技术部
指标目的	提升产品合格率		
计算公式	模具生产产品量试合格率 =（量产评价合格数 / 当月量产评价产品的总数）× 100%		
特殊说明			
计量单位	%	统计周期	月
指标极性	越大越好	数据输出部门	品质部
数据输出时间	每月 5 日	指标考核周期	季
指标考核方法	比率法	指标性质	定量指标

表 8-27　设备事故或故障影响产量的次数定义

指标名称	设备事故或故障影响产量的次数	指标编号	SJ-KPIo-02
指标来源	部门职能	相关部门	生产技术部
指标目的	保证公司生产正常运行		

指标名称	设备事故或故障影响产量的次数	指标编号	SJ-KPIo-02
计算公式	除正常检修外,导致车间月生产计划不能按时完成的设备事件		
特殊说明	设备事故或故障影响产量的次数以生产部记录台账为准		
计量单位	次	统计周期	月
指标极性	越小越好	数据输出部门	生产部
数据输出时间	每月 5 日	指标考核周期	季
指标考核方法	减分法、非此即彼法	指标性质	定量指标

表 8-28 新建生产线或通过设备改造增加产能定义

指标名称	新建生产线或通过设备改造增加产能	指标编号	SJ-KPIo-03
指标来源	部门职能	相关部门	生产技术部
指标目的	挖掘产能潜力,提升资源利用效率		
计算公式	新建生产线或通过设备改造增加产能=通过新建生产线或设备改造增加产量的数量		
特殊说明			
计量单位	万台	统计周期	半年
指标极性	越大越好	数据输出部门	计划部
数据输出时间	1 月 10 日、7 月 10 日	指标考核周期	半年
指标考核方法	加分法	指标性质	定量指标

3. 采购类常用 KPI (见表 8-29 ~ 表 8-34)

表 8-29 采购成本降低额度达标率定义

指标名称	采购成本降低额度达标率	指标编号	CG-KPIs-01
指标来源	年度经营计划	相关部门	采购部
指标目的	降低采购成本		
计算公式	采购成本降低额度达标率=(实际完成采购成本降低的产品种类/计划降低采购成本的产品种类)×100%		
特殊说明	计划降低采购成本的产品种类以年度采购业务计划为准		
计量单位	%	统计周期	年
指标极性	越大越好	数据输出部门	财务部
数据输出时间	每年 1 月 15 日	指标考核周期	年
指标考核方法	比率法	指标性质	定量指标

表 8-30　外发退货率定义

指标名称	外发退货率	指标编号	CG-KPIp-01
指标来源	委外加工流程	相关部门	采购部、品质部
指标目的	提高外发产品品质控制能力		
计算公式	外发退货率 =（外发退货率当月外发总不良数 / 当月外发总出货数量）× 100%		
特殊说明			
计量单位	%	统计周期	月
指标极性	越小越好	数据输出部门	生产部
数据输出时间	每月 5 日	指标考核周期	季
指标考核方法	比率法、减分法	指标性质	定量指标

表 8-31　采购报价达标率定义

指标名称	采购报价达标率	指标编号	CG-KPIp-02
指标来源	采购报价管理流程	相关部门	采购部、开发部、财务部、生产技术部
指标目的	提升采购报价及时性、准确性		
计算公式	采购报价达标率 =（3 天内完成报价的产品总个数 / 当月可以在 2 天内完成报价的产品总个数）× 100%		
特殊说明			
计量单位	%	统计周期	月
指标极性	越大越好	数据输出部门	销售商务部
数据输出时间	每月 5 日	指标考核周期	季
指标考核方法	比率法	指标性质	定量指标

表 8-32　准时交货达标率定义

指标名称	准时交货达标率	指标编号	CG-KPIp-03
指标来源	采购管理流程	相关部门	采购部、计划部、生产部
指标目的	采购及时到货，提升生产计划达成率		
计算公式	准时交货达标率 =（实际到料批数 / 要求到料订单批数）× 100%		
特殊说明	生产性物料均在本指标统计范围之内		
计量单位	%	统计周期	月
指标极性	越大越好	数据输出部门	计划部

指标名称	准时交货达标率	指标编号	CG-KPIp-03
数据输出时间	每月 5 日	指标考核周期	季
指标考核方法	比率法	指标性质	定量指标

表 8-33　标准件采购招标率定义

指标名称	标准件采购招标率	指标编号	CG-KPIp-04
指标来源	招标采购管理流程	相关部门	采购部、计划部
指标目的	降低采购成本		
计算公式	标准件采购招标率＝（标准件采购招标种类数 / 标准件采购种类数）×100%		
特殊说明			
计量单位	%	统计周期	月
指标极性	越大越好	数据输出部门	计划部
数据输出时间	每月 5 日	指标考核周期	季
指标考核方法	比率法	指标性质	定量指标

表 8-34　供应商管理体系有效性评价定义

指标名称	供应商管理体系有效性评价	指标编号	CG-KPIo-01
指标来源	部门职能	相关部门	采购部
指标目的	完善供应商开发及合格供应商管理体系，保障公司物料供应		
计算公式	供应商管理体系有效性评价得分		
特殊说明	（1）会计核算体系有效性评价包括供应商分类、供应商档案、供应商评价、供应商管理等 （2）评分细则详见《常用定性 KPI》		
计量单位	分	统计周期	半年
指标极性	越大越好	数据输出部门	企管部
数据输出时间	每年 6 月 20 日、12 月 20 日	指标考核周期	半年
指标考核方法	层差法、说明法	指标性质	定量指标

4. 生产类常用 KPI（见表 8-35 ~ 表 8-37）

表 8-35　生产成本降低率定义

指标名称	生产成本降低率	指标编号	SC-KPIs-01
指标来源	年度经营计划	相关部门	生产部

续表

指标名称	生产成本降低率	指标编号	SC-KPIs-01
指标目的	控制并持续降低生产成本,提升产品市场竞争力		
计算公式	生产成本降低率＝［(实际生产成本－计划成本)/计划成本］×100%		
特殊说明	(1)生产成本项目由财务部具体确定 (2)产品生产计划成本由财务部具体确定		
计量单位	%	统计周期	月
指标极性	控制在一定范围	数据输出部门	财务部
数据输出时间	每月 8 日	指标考核周期	季
指标考核方法	比率法、说明法	指标性质	定量指标

表 8-36　生产废品损失率定义

指标名称	生产废品损失率	指标编号	SC-KPIs-02
指标来源	年度经营计划	相关部门	生产部
指标目的	树立全员成本意识,降低生产消耗		
计算公式	生产废品损失率＝(当期实际发生的废品损失总金额/当期生产成本)×100%		
特殊说明			
计量单位	%	统计周期	月
指标极性	越小越好	数据输出部门	财务部
数据输出时间	每月 8 日	指标考核周期	季
指标考核方法	比率法	指标性质	定量指标

表 8-37　生产作业计划达成率定义

指标名称	生产作业计划达成率	指标编号	SC-KPIp-01
指标来源	生产作业计划管理流程	相关部门	生产部、计划部
指标目的	确保生产按计划进行		
计算公式	生产作业计划达成率＝(实际完成产量/计划产量)×100%		
特殊说明	计划产量包括月度计划、期间变更计划和临时追加计划		
计量单位	%	统计周期	月
指标极性	越大越好	数据输出部门	销售商务部
数据输出时间	每月 5 日	指标考核周期	季
指标考核方法	比率法	指标性质	定量指标

5. 品质类常用 KPI（见表 8-38 ～ 表 8-45）

表 8-38　客户退货不良率定义

指标名称	客户退货不良率	指标编号	QC-KPIs-01
指标来源	年度经营计划	相关部门	品质部
指标目的	提升产品品质		
计算公式	客户退货不良率 =（客户退货不良数 / 出货总数）× 100%		
特殊说明	客户退货不良数以公司品质部检验确认为准		
计量单位	PPM	统计周期	月
指标极性	越小越好	数据输出部门	销售商务部
数据输出时间	每月 5 日	指标考核周期	季
指标考核方法	比率法	指标性质	定量指标

表 8-39　质量失败成本率定义

指标名称	质量失败成本率	指标编号	QC-KPIs-02
指标来源	年度经营计划	相关部门	品质部、生产部、物流部
指标目的	减少质量损失		
计算公式	质量失败成本率 =（因退货、制程不良造成的损失成本 / 当月产值）× 100%		
特殊说明			
计量单位	%	统计周期	月
指标极性	越小越好	数据输出部门	财务部
数据输出时间	每月 5 日	指标考核周期	季
指标考核方法	比率法	指标性质	定量指标

表 8-40　质量成本定义

指标名称	质量成本	指标编号	QC-KPIs-03
指标来源	年度经营计划	相关部门	品质部、生产部、物流部
指标目的	减少质量损失		
计算公式	质量成本 =（质量缺陷成本 / 销售收入）× 100%		
特殊说明	质量缺陷成本包括内部报废、外部报废及额外运输费		
计量单位	‰	统计周期	月
指标极性	越小越好	数据输出部门	财务部

指标名称	质量成本	指标编号	QC-KPIs-03
数据输出时间	每月 5 日	指标考核周期	季
指标考核方法	减分法	指标性质	定量指标

表 8-41　原材料一次交检合格率定义

指标名称	原材料一次交检合格率	指标编号	QC-KPIp-01
指标来源	采购管理流程	相关部门	采购部、品质部
指标目的	提高原材料采购质量，减少、杜绝由于原材料质量问题造成的待工、停产、降低产品质量等负面影响		
计算公式	原材料一次交检合格率 =（合格原料批数 / 总检验批数）× 100%		
特殊说明	数据以品质部检测记录为主，特殊材料可不在统计范围之内		
计量单位	%	统计周期	月
指标极性	越大越好	数据输出部门	品质部
数据输出时间	每月 5 日	指标考核周期	季
指标考核方法	比率法	指标性质	定量指标

表 8-42　成品一次交检合格率定义

指标名称	成品一次交检合格率	指标编号	QC-KPIp-02
指标来源	生产管理流程	相关部门	生产、品质部
指标目的	加强生产过程控制，提升成品品质合格率		
计算公式	成品一次交检合格率 =（合格成品批数 / 总检验批数）× 100%		
特殊说明	数据以品质部检测记录为准		
计量单位	%	统计周期	月
指标极性	越大越好	数据输出部门	品质部
数据输出时间	每月 5 日	指标考核周期	季
指标考核方法	比率法	指标性质	定量指标

表 8-43　外审严重不合格项定义

指标名称	外审严重不合格项	指标编号	QC-KPIo-01
指标来源	部门职能	相关部门	品质部、相关部门
指标目的	提高体系运营质量		
计算公式	外审过程中出现系统性、区域性失效或缺陷		

指标名称	外审严重不合格项	指标编号	QC-KPIo-01
特殊说明	以外审为准		
计量单位	项	统计周期	年
指标极性	越小越好	数据输出部门	企管部
数据输出时间	每年外审结束 5 日内	指标考核周期	年
指标考核方法	减分法	指标性质	定量指标

表 8-44　外审一般不合格项定义

指标名称	外审一般不合格项	指标编号	QC-KPIo-02
指标来源	部门职能	相关部门	品质部、相关部门
指标目的	提高体系运营质量		
计算公式	外审过程中出现的个别的、偶然的、孤立的、性质轻微的问题		
特殊说明	以外审为准		
计量单位	项	统计周期	年
指标极性	越小越好	数据输出部门	企管部
数据输出时间	每年外审结束 5 日内	指标考核周期	年
指标考核方法	减分法	指标性质	定量指标

表 8-45　质量体系实施有效性评价定义

指标名称	质量体系实施有效性评价	指标编号	CG-KPIo-03
指标来源	部门职能	相关部门	品质部
指标目的	完善品质管理体系、保障品质质量		
计算公式	质量体系实施有效性评价得分		
特殊说明	（1）会计核算体系有效性评价包括文件修订、内审情况、外审情况等 （2）评分细则详见《常用定性 KPI》		
计量单位	分	统计周期	半年
指标极性	越大越好	数据输出部门	企管部
数据输出时间	每年 6 月 20 日、12 月 20 日	指标考核周期	半年
指标考核方法	层差法、说明法	指标性质	定量指标

6. 仓储物流类常用KPI（见表8-46～表8-49）

表8-46 每公里吨产品运输费用定义

指标名称	每公里吨产品运输费用	指标编号	WL-KPIs-01
指标来源	年度经营计划	相关部门	物流部
指标目的	控制物流成本		
计算公式	每公里吨产品运输费用 = 期内公司产品公路运输费用总额 / ∑（期内公路运输公里数 × 期内公路运输产品的吨数）		
特殊说明			
计量单位	元 /（吨·公里）	统计周期	月
指标极性	越小越好	数据输出部门	财务部
数据输出时间	每月5日	指标考核周期	季
指标考核方法	比率法	指标性质	定量指标

表8-47 交货及时率定义

指标名称	交货及时率	指标编号	WL-KPIp-01
指标来源	物流管理流程	相关部门	物流部、仓储部、计划部
指标目的	准时交付，提升客户满意度		
计算公式	交货及时率 =（准时交货次数 / 总交货次数）× 100%		
特殊说明	（1）以ERP输出数据为准 （2）任何原因导致的交货不及时都在本指标的统计范围之内		
计量单位	%	统计周期	月
指标极性	越大越好	数据输出部门	销售商务部
数据输出时间	每月5日	指标考核周期	季
指标考核方法	比率法	指标性质	定量指标

表8-48 存货周转天数定义

指标名称	存货周转天数	指标编号	WL-KPIo-01
指标来源	部门职能	相关部门	仓储部、采购部、销售部、生产部
指标目的	提高存货周转效率，提升公司运营能力		
计算公式	存货周转天数 =360÷（销售成本 / 平均存货成本）		

指标名称	存货周转天数	指标编号	WL-KPIo-01
特殊说明	存货包括成品、半成品、原材料、呆滞料		
计量单位	天	统计周期	季
指标极性	越小越好	数据输出部门	财务部
数据输出时间	每季次月 10 日	指标考核周期	季
指标考核方法	层差法、说明法	指标性质	定量指标

表 8-49　物流破损率定义

指标名称	物流破损率	指标编号	WL-KPIo-02
指标来源	部门职能	相关部门	物流部
指标目的	提高物流质量，减少物流损坏		
计算公式	物流破损率 =（运输货物损坏数量 / 总运输量）× 100%		
特殊说明	运输货物损坏数量以销售商务部台账为准		
计量单位	%	统计周期	月
指标极性	越小越好	数据输出部门	销售商务部
数据输出时间	每月 5 日	指标考核周期	季
指标考核方法	比率法	指标性质	定量指标

（四）财务类常用 KPI（见表 8-50 ~ 表 8-65）

表 8-50　财务类常用 KPI

KPI 类型	KPIs（7 项）	KPIp（4 项）	KPIo（4 项）
财务类	净利润 营业总收入 净资产收益率 总资产收益率 权益乘数 主营业务利润率 总资产周转率	采购货款支付及时率 流动资金周转次数 各部门归口费用控制 销售呆坏账处理率	标准成本建立完成时间 会计核算体系有效性评价 财务预算体系有效性评价 财务分析体系有效性评价

表 8-51　净利润定义

指标名称	净利润	指标编号	CW-KPIs-01
指标来源	年度经营计划	相关部门	财务部、经营委员会
指标目的	提升企业盈利能力		
计算公式	净利润 = 主营业务收入 - 主营业务成本 - 销售费用 - 管理费用 - 财务费用 + 投资收益 - 企业所得税 + 其他		
特殊说明	数据以年度财务审计报告为准		
计量单位	万元	统计周期	月
指标极性	越大越好	数据输出部门	财务部
数据输出时间	每年 1 月 20 日	指标考核周期	年
指标考核方法	层差法、说明法	指标性质	定量指标

表 8-52　营业总收入定义

指标名称	营业总收入	指标编号	CW-KPIs-02
指标来源	年度经营计划	相关部门	财务部、销售部、经营委员会
指标目的	保证销售增长，扩大企业规模		
计算公式	当期实际业务销售收入		
特殊说明	营业总收入以财务部提供的数据为准		
计量单位	万元	统计周期	月
指标极性	越大越好	数据输出部门	财务部
数据输出时间	每年 1 月 20 日	指标考核周期	年
指标考核方法	层差法、说明法	指标性质	定量指标

表 8-53　净资产收益率定义

指标名称	净资产收益率	指标编号	CW-KPIs-03
指标来源	企业发展战略、年度经营计划	相关部门	经营委员会
指标目的	提高资产收益，缩短投资回报		
计算公式	净资产收益率 = 总资产收益率 × 权益乘数		
特殊说明	数据以财务报表为准		
计量单位	%	统计周期	年
指标极性	越大越好	数据输出部门	财务部

指标名称	净资产收益率	指标编号	CW-KPIs-03
数据输出时间	每年 1 月 20 日	指标考核周期	年
指标考核方法	比率法	指标性质	定量指标

表 8-54　总资产收益率定义

指标名称	总资产收益率	指标编号	CW-KPIs-04
指标来源	企业发展战略、年度经营计划	相关部门	经营委员会
指标目的	提高资产收益，缩短投资回报		
计算公式	总资产收益率 = 主营业务利润率 × 总资产周转率		
特殊说明	数据以财务报表为准		
计量单位	%	统计周期	年
指标极性	越大越好	数据输出部门	财务部
数据输出时间	每年 1 月 20 日	指标考核周期	年
指标考核方法	比率法	指标性质	定量指标

表 8-55　权益乘数定义

指标名称	权益乘数	指标编号	CW-KPIs-05
指标来源	企业发展战略、年度经营计划	相关部门	经营委员会
指标目的	合理控制资产负债，确保公司稳健经营		
计算公式	权益乘数 = 资产总额 / 股东权益 =1/（1- 资产负债率）=1/（1- 负债总额 / 资产总额）× 100%		
特殊说明	数据以财务报表为准		
计量单位	倍	统计周期	年
指标极性	控制在一定范围	数据输出部门	财务部
数据输出时间	每年 1 月 20 日	指标考核周期	年
指标考核方法	说明法、层差法	指标性质	定量指标

表 8-56　主营业务利润率定义

指标名称	主营业务利润率	指标编号	CW-KPIs-06
指标来源	年度经营计划	相关部门	经营委员会、各部门
指标目的	控制主营业务成本，提高主营业务盈利能力		

指标名称	主营业务利润率	指标编号	CW-KPIs-06
计算公式	主营业务利润率 =（净利润 / 主营业务收入）× 100%		
特殊说明	数据以财务报表为准		
计量单位	%	统计周期	季
指标极性	越大越好	数据输出部门	财务部
数据输出时间	每季次月 10 日	指标考核周期	季
指标考核方法	比率法	指标性质	定量指标

表 8-57　总资产周转率定义

指标名称	总资产周转率	指标编号	CW-KPIs-07
指标来源	年度经营计划	相关部门	经营委员会
指标目的	加快资产周转，提升企业运营效率		
计算公式	总资产周转率 =（主营业务收入 / 平均资产总额）× 100%		
特殊说明	主营业务收入以财务报表为准		
计量单位	%	统计周期	年
指标极性	越大越好	数据输出部门	财务部
数据输出时间	每年 1 月 20 日	指标考核周期	年
指标考核方法	比率法	指标性质	定量指标

表 8-58　采购货款支付及时率定义

指标名称	采购货款支付及时率	指标编号	CW-KPIp-01
指标来源	采购货款管理流程	相关部门	财务部、采购部
指标目的	及时支付采购货款，提升供应商满意度		
计算公式	采购货款支付及时率=（期内未按规定时间支付货款的次数 / 当期应付款总次数）× 100%		
特殊说明	货款支付包括按照相关程序规定需要支付的所有款项，包括供应商货款等		
计量单位	%	统计周期	月
指标极性	越小越好	数据输出部门	采购部
数据输出时间	每月 5 日	指标考核周期	季度
指标考核方法	减分法	指标性质	定量指标

表 8-59　流动资金周转次数定义

指标名称	流动资金周转次数	指标编号	CW-KPIp-02
指标来源	资金管理流程	相关部门	财务部、销售部、采购部
指标目的	提高资金使用效率		
计算公式	流动资金周转次数 = 计划期主营业务收入净额 / 平均流动资金		
特殊说明			
计量单位	次	统计周期	月
指标极性	越大越好	数据输出部门	财务部
数据输出时间	每月 10 日	指标考核周期	季
指标考核方法	说明法、比率法	指标性质	定量指标

表 8-60　各部门归口费用控制定义

指标名称	各部门归口费用控制	指标编号	CW-KPIp-03
指标来源	预算管理流程	相关部门	财务部、各部门
指标目的	合理控制费用，降低企业运营成本		
计算公式	各部门归口费用控制 = [（本月部门实际发生费用—本月部门预算费用）/ 本月部门预算费用] × 100%		
特殊说明	数据由财务部根据各部门预算统计，财务部对全公司费用控制负责		
计量单位	%	统计周期	月
指标极性	控制在一定范围	数据输出部门	财务部
数据输出时间	每月 10 日	指标考核周期	季
指标考核方法	说明法、比率法	指标性质	定量指标

表 8-61　销售呆坏账处理率定义

指标名称	销售呆坏账处理率	指标编号	CW-KPIp-04
指标来源	应收账款管理流程	相关部门	财务部、销售部
指标目的	确保应收款安全		
计算公式	销售呆坏账处理率 =（呆坏账收款总额 / 呆坏账总额）× 100%		
特殊说明			
计量单位	%	统计周期	月
指标极性	越大越好	数据输出部门	财务部
数据输出时间	每月 5 日	指标考核周期	季
指标考核方法	说明法	指标性质	定量指标

表 8-62　标准成本建立完成时间定义

指标名称	标准成本建立完成时间	指标编号	CW-KPIo-01
指标来源	部门职能	相关部门	财务部
指标目的	完善公司成本管理体系，控制成本支出		
计算公式	标准成本建立完成时间 = 实际完成时间 - 计划时间		
特殊说明	以标准成本系统计划建立的时间为准		
计量单位	天	统计周期	年
指标极性	越小越好	数据输出部门	财务总监
数据输出时间	每年 12 月 20 日前	指标考核周期	年
指标考核方法	层差法、说明法	指标性质	定量指标

表 8-63　会计核算体系有效性评价定义

指标名称	会计核算体系有效性评价	指标编号	CW-KPIo-02
指标来源	部门职能	相关部门	财务部
指标目的	规范会计科目及核算体系，为公司经营决策提供数据		
计算公式	会计核算合法、合理性评价分为 4 个等级：差（60 分以下）、一般（60~80 分）、良好（80~100 分）和优秀（100~120 分）		
特殊说明	（1）会计核算体系有效性评价包括日常核算错误次数、成本核算准确性、财务报表质量、财务类绩效指标数据提供、财务核算的合法性等 （2）评分细则详见《常用定性 KPI》		
计量单位	分	统计周期	年
指标极性	越大越好	数据输出部门	经营委员会
数据输出时间	每年 12 月 20 日	指标考核周期	年
指标考核方法	说明法、层差法	指标性质	定性指标

表 8-64　财务预算体系有效性评价定义

指标名称	财务预算体系有效性评价	指标编号	CW-KPIo-03
指标来源	部门职能	相关部门	财务部
指标目的	强化预算管理，做到经营过程可控		
计算公式	预算体系有效性评价分为 4 个等级：差（60 分以下）、一般（60~80 分）、良好（80~100 分）和优秀（100~120 分）		
特殊说明	（1）预算体系包括：成本（费用）分解、成本（费用）预算、预算执行状况等 （2）评分细则详见《常用定性 KPI》		

指标名称	财务预算体系有效性评价	指标编号	CW-KPIo-03
计量单位	分	统计周期	年
指标极性	越大越好	数据输出部门	经营委员会
数据输出时间	每年 12 月 20 日	指标考核周期	年
指标考核方法	说明法、层差法	指标性质	定性指标

表 8-65　财务分析体系有效性评价定义

指标名称	财务分析体系有效性评价	指标编号	CW-KPIo-04
指标来源	部门职能	相关部门	财务部
指标目的	加强财务分析，及时发现经营风险，并加以改善		
计算公式	差（60 分以下）：财务分析不准确，不能为公司成本控制提供支持 一般（60~80 分）：财务分析基本准确，能为公司成本控制提供一定支持 良好（80~100 分）：财务分析准确，能为公司成本控制提供有力支持 优秀（100~120 分）：财务分析深入、全面、准确，并能根据分析结果提出成本控制的建议，并得以实施		
特殊说明	（1）财务分析体系有效性评价包括及时性、准确性及决策价值 （2）评分细则详见《常用定性 KPI》		
计量单位	分	统计周期	年
指标极性	越大越好	数据输出部门	经营委员会
数据输出时间	每年 12 月 20 日	指标考核周期	年
指标考核方法	说明法、层差法	指标性质	定性指标

（五）人力资源类常用 KPI（见表 8-66 ~ 表 8-77）

表 8-66　人力资源类常用 KPI

KPI 类型	KPIs（5 项）	KPIp（3 项）	KPIo（3 项）
人力资源类	全员生产率 人力成本占销售收入比率 员工满意度 核心员工非正常离职率 关键岗位适岗率	招聘计划达成率 招聘合格率 培训计划达成率	企业文化建设方案通过公司批准时间 企业文化建设计划达成率 人才梯队建设方案通过公司批准时间

表 8-67　全员生产率定义

指标名称	全员生产率	指标编号	HR-KPIs-01
指标来源	公司年度经营计划	相关部门	人力资源部、各部门
指标目的	提升员工生产效率，体现人均价值		
计算公式	全员生产率 = 年度产值 / 员工平均人数		
特殊说明	员工平均人数 = (期初员工总数 + 期末员工总数) /2		
计量单位	万元 / (人·年)	统计周期	年
指标极性	越大越好	数据输出部门	财务部
数据输出时间	每年 1 月 20 日	指标考核周期	年
指标考核方法	说明法、层差法	指标性质	定量指标

表 8-68　人力成本占销售收入比率定义

指标名称	人力成本占销售收入比率	指标编号	HR-KPIs-02
指标来源	公司年度经营计划	相关部门	人力资源部、各部门
指标目的	提升人均效率		
计算公式	人力成本占销售收入比率 = (人力成本 / 销售收入) × 100%		
特殊说明	人力成本科目及数据以财务报表为准		
计量单位	%	统计周期	季
指标极性	控制在一定范围	数据输出部门	财务部
数据输出时间	每季次月 8 日	指标考核周期	季
指标考核方法	说明法、层差法	指标性质	定量指标

表 8-69　员工满意度定义

指标名称	员工满意度	指标编号	HR-KPIs-03
指标来源	公司年度经营计划	相关部门	人力资源部、各部门
指标目的	关注员工满意度，提升企业员工稳定性		
计算公式	根据员工满意度测量问卷实际测得的员工满意度分数		
特殊说明	(1) 员工满意度测量 (2) 员工满意度测量每年 6 月进行一次		
计量单位	分	统计周期	年
指标极性	越大越好	数据输出部门	企管部
数据输出时间	每年 6 月 30 日	指标考核周期	年
指标考核方法	层差法、说明法	指标性质	定量指标

表 8-70　核心员工非正常离职率定义

指标名称	核心员工非正常离职率	指标编号	HR-KPIs-04
指标来源	公司年度经营计划	相关部门	人力资源部、各部门
指标目的	稳定核心员工队伍		
计算公式	核心员工非正常离职率 =（公司核心员工实际非正常离职的人数 / 核心员工平均总人数）×100%		
特殊说明	（1）下列员工的离职不属于非正常离职：正常调动、晋升、参军、公司提出解除劳动合同、劝退、合同到期未续签、除名 （2）核心员工名单应该通过公司批准		
计量单位	%	统计周期	月
指标极性	越小越好	数据输出部门	企管部
数据输出时间	每月 5 日	指标考核周期	季
指标考核方法	非此即彼法、比率法	指标性质	定量指标

表 8-71　关键岗位适岗率定义

指标名称	关键岗位适岗率	指标编号	HR-KPIs-05
指标来源	公司年度经营计划	相关部门	人力资源部、各部门
指标目的	提升关键岗位员工能力		
计算公式	关键岗位适岗率 =（关键岗位达到任职资格要求的员工数量 / 关键岗位员工总数）×100%		
特殊说明	公司关键岗位需要经总经理审批		
计量单位	%	统计周期	年
指标极性	越大越好	数据输出部门	企管部
数据输出时间	每年 1 月 20 日	指标考核周期	季
指标考核方法	比率法	指标性质	定量指标

表 8-72　招聘计划达成率定义

指标名称	招聘计划达成率	指标编号	HR-KPIp-01
指标来源	员工招聘流程	相关部门	人力资源部、用人部门
指标目的	降低岗位空缺率		
计算公式	招聘计划达成率 =（当期实际招聘人数 / 计划招聘人数）×100%		
特殊说明	（1）招聘人数以实际报到人数为准 （2）计划员工招聘数指年度人力资源规划及当期临时追加的招聘人数		

续表

指标名称	招聘计划达成率	指标编号	HR-KPIp-01
计量单位	%	统计周期	月
指标极性	越大越好	数据输出部门	企管部
数据输出时间	每月 5 日	指标考核周期	季
指标考核方法	比率法	指标性质	定量指标

表 8-73　招聘合格率定义

指标名称	招聘合格率	指标编号	HR-KPIp-02
指标来源	员工招聘流程	相关部门	人力资源部、用人部门
指标目的	严控员工准入门槛，强化员工试用期管理		
计算公式	招聘合格率 =（试用期满后考核合格新员工人数 / 全部新招员工人数）×100%		
特殊说明	（1）本指标所统计的员工指年度人力资源规划、用人单位按计划提出及临时追加的用人申请 （2）招聘合格是指试用期满经公司考核决定留用的新员工人数		
计量单位	%	统计周期	月
指标极性	越大越好	数据输出部门	企管部
数据输出时间	每月 5 日	指标考核周期	季
指标考核方法	比率法	指标性质	定量指标

表 8-74　培训计划达成率定义

指标名称	培训计划达成率	指标编号	HR-KPIp-03
指标来源	培训管理流程	相关部门	人力资源部、用人部门
指标目的	提升培训质量，提高员工适岗率		
计算公式	培训计划达成率 =（当月实际完成课时数 / 当月计划课时数）×100%		
特殊说明	当月计划课时数 = 年度计划本月课时数 + 本月追加课时数		
计量单位	%	统计周期	月
指标极性	越大越好	数据输出部门	人力资源部
数据输出时间	每月 5 日	指标考核周期	季
指标考核方法	比率法	指标性质	定量指标

表8-75　企业文化建设方案通过公司批准时间定义

指标名称	企业文化建设方案通过公司批准时间	指标编号	HR-KPIo-01
指标来源	部门职能	相关部门	人力资源部
指标目的	根据年度经营需要，规划企业文化建设，助力年度目标顺利达成		
计算公式	企业文化建设方案通过公司批准时间 = 实际通过公司批准时间－计划时间		
特殊说明	（1）企业文化建设方案包括：公司核心理念文化、制度文化、行为文化和表层标识文化的建设内容、时间安排等 （2）企业文化建设方案实际通过批准时间以总经理签字日期为准		
计量单位	天	统计周期	年
指标极性	越小越好	数据输出部门	总经理
数据输出时间	每年1月20日前	指标考核周期	年
指标考核方法	说明法、层差法、加分法、减分法	指标性质	定量指标

表8-76　企业文化建设计划达成率定义

指标名称	企业文化建设计划达成率	指标编号	HR-KPIo-02
指标来源	部门职能	相关部门	人力资源部
指标目的	实施企业文化建设，在公司倡导积极、健康的企业文化		
计算公式	企业文化建设计划达成率 =（当期企业文化建设实际完成项目/计划项目总数）× 100%		
特殊说明	（1）当期企业文化建设计划项目包括文化建设规划中当期项目和期间追加项目 （2）企业文化建设计划包括宣传计划、活动计划、建设计划等		
计量单位	%	统计周期	月
指标极性	越大越好	数据输出部门	企管部
数据输出时间	每月10日	指标考核周期	季
指标考核方法	比率法	指标性质	定量指标

表8-77　人才梯队建设方案通过公司批准时间定义

指标名称	人才梯队建设方案通过公司批准时间	指标编号	HR-KPIo-03
指标来源	部门职能	相关部门	人力资源部
指标目的	挖掘并培养内部人才		
计算公式	人才梯队建设方案通过公司批准时间 = 实际批准时间 － 规定时间		

续表

指标名称	人才梯队建设方案通过公司批准时间	指标编号	HR-KPIo-03
特殊说明	（1）人才梯队建设包括：公司对人才的定义、人才发展方向、人才梯队建设细则等 （2）人才梯队建设方案实际通过批准时间以总经理签字日期为准		
计量单位	天	统计周期	年
指标极性	越小越好	数据输出部门	总经理
数据输出时间	每年 1 月 20 日前	指标考核周期	年
指标考核方法	说明法、层差法、加分法、减分法	指标性质	定量指标

（六）综合管理类常用 KPI（见表 8-78）

表 8-78　综合管理类常用 KPI

KPI 类型	KPIs（4 项）	KPIp（4 项）	KPIo（8 项）
企业管理类	公司年度经营计划通过批准时间 各部门 KPI 达成率 各部门关键事项达成率	公司重（特大）事故发生次数 事故有效处理率	公司规范化建设方案通过批准时间 公司级流程（制度）发布计划达成率 已发布公司级流程（制度）认知考核合格率 已发布公司级（流程）制度有效执行率 法律纠纷有效结案数 总经理办公会议决议有效执行率
IT 类	企业信息化推进计划达成率	流程 E 化项数 ERP 计划执行率	IT 培训计划达标率 信息系统重大事故次数

1. 企业管理类常用 KPI（见表 8-79～表 8-89）

表 8-79　公司年度经营计划通过批准时间定义

指标名称	公司年度经营计划通过批准时间	指标编号	QG-KPIs-01
指标来源	公司战略	相关部门	企管部
指标目的	明确公司年度经营策略及目标		
计算公式	公司年度经营计划通过批准时间 = 实际通过批准时间 - 计划时间		
特殊说明	年度经营计划包括年度战略地图、平衡计分卡、业务计划、经营预算、各部门目标责任书等		
计量单位	天	统计周期	年
指标极性	越小越好	数据输出部门	经营委员会

指标名称	公司年度经营计划通过批准时间	指标编号	QG-KPIs-01
数据输出时间	每年1月10日前	指标考核周期	年
指标考核方法	说明法、层差法	指标性质	定量指标

表8-80　各部门KPI达成率定义

指标名称	各部门KPI达成率	指标编号	QG-KPIs-02
指标来源	公司战略	相关部门	企管部、相关部门
指标目的	促进各部门关注KPI，并努力达成相应目标		
计算公式	各部门KPI达成率=（当期各部门KPI达成实际数/当期部门KPI数量）×100%		
特殊说明	KPI达成以KPI是否达到期望目标为判断依据		
计量单位	%	统计周期	季度
指标极性	越大越好	数据输出部门	经营委员会
数据输出时间	每季次月10日前	指标考核周期	季度
指标考核方法	比率法	指标性质	定量指标

表8-81　各部门关键事项达成率定义

指标名称	各部门关键事项达成率	指标编号	QG-KPIs-03
指标来源	公司战略	相关部门	企管部、相关部门
指标目的	促进各部门年度关键事项落地、实施		
计算公式	各部门关键事项达成率=（当期各部门关键事项实际完成数/当期部门关键事项数量）×100%		
特殊说明	（1）关键事项具体见各部门年度《目标责任书》 （2）关键事项是否完成以《目标责任书》关键事项完成标志为准		
计量单位	%	统计周期	季度
指标极性	越大越好	数据输出部门	经营委员会
数据输出时间	每月10日前	指标考核周期	月度
指标考核方法	比率法	指标性质	定量指标

表8-82　公司重（特）大事故发生次数定义

指标名称	公司重（特）大事故发生次数	指标编号	QG-KPIp-01
指标来源	事故预防与管理流程	相关部门	企管部、相关部门
指标目的	预防事故发生，确保公司稳健经营		

续表

指标名称	公司重（特）大事故发生次数	指标编号	QG-KPIp-01
计算公式	期内公司各部门发生重（特）大责任事故次数		
特殊说明	（1）事故等级根据公司《事故管理制度》执行 （2）事故类型包括人身伤亡事故、设备事故、工艺事故、质量事故、火灾事故、环境污染事故等		
计量单位	次	统计周期	月
指标极性	越小越好	数据输出部门	总经理
数据输出时间	每月 5 日	指标考核周期	季
指标考核方法	减分法、非此即彼法	指标性质	定量指标

表 8-83　事故有效处理率定义

指标名称	事故有效处理率	指标编号	QG-KPIp-02
指标来源	事故预防与管理流程	相关部门	企管部、相关部门
指标目的	按相关规定及时处理事故		
计算公式	事故有效处理率 ＝（当期事故有效处理项 / 事故总项数）× 100%		
特殊说明	（1）事故总项数包括：上期未处理项数和本期发生项数 （2）未按《事故、险情的报告、调查、分析和纠正预防程序》相关规定处理视为事故处理无效 （3）事故总数包括重大、特大、一般事故在内的所有事故 （4）事故类别和事故等级划分见《事故、险情的报告、调查、分析和纠正预防程序》及公司认定的其他事故类别和等级划分标准		
计量单位	%	统计周期	月
指标极性	越大越好	数据输出部门	企管部
数据输出时间	每月 5 日	指标考核周期	季
指标考核方法	比率法、说明法	指标性质	定量指标

表 8-84　公司规范化建设方案通过批准时间定义

指标名称	公司规范化建设方案通过批准时间	指标编号	QG-KPIo-01
指标来源	部门职能	相关部门	企管部
指标目的	强化公司法制建设，推进公司规范化管理		
计算公式	公司规范化建设方案通过批准时间 ＝ 实际通过批准时间 – 计划时间		
特殊说明	以总经理批准签字日期为准		
计量单位	天	统计周期	年

续表

指标名称	公司规范化建设方案通过批准时间	指标编号	QG-KPIo-01
指标极性	越小越好	数据输出部门	总经理
数据输出时间	每年 1 月 10 日前	指标考核周期	年
指标考核方法	说明法、层差法	指标性质	定量指标

表 8-85 公司级流程（制度）发布计划达成率定义

指标名称	公司级流程（制度）发布计划达成率	指标编号	QG-KPIo-02
指标来源	部门职能	相关部门	企管部、相关部门
指标目的	强化基础管理		
计算公式	公司级流程（制度）发布计划达成率 =（已发布的公司级流程（制度）数 / 计划发布流程（制度）总数）× 100%		
特殊说明	公司级流程（制度）计划数以公司规范化建设方案为准，同时包含期间追加的计划数		
计量单位	%	统计周期	月
指标极性	越大越好	数据输出部门	绩效委员会
数据输出时间	每月 5 日	指标考核周期	季度
指标考核方法	比率法	指标性质	定量指标

表 8-86 已发布公司级流程（制度）认知考核合格率定义

指标名称	已发布公司级流程（制度）认知考核合格率	指标编号	QG-KPIo-03
指标来源	部门职能	相关部门	企管部、相关部门
指标目的	加强流程（制度）督察，保证流程（制度）有效执行		
计算公式	已发布公司级流程（制度）认知考核合格率 =（公司级流程（制度）认知抽查合格人数 / 抽查总人数）× 100%		
特殊说明	每月抽查总人数不低于公司总人数的 30%		
计量单位	%	统计周期	月
指标极性	越大越好	数据输出部门	绩效委员会
数据输出时间	每月 5 日	指标考核周期	季度
指标考核方法	比率法	指标性质	定量指标

表 8-87 已发布公司级（流程）制度有效执行率定义

指标名称	已发布公司级（流程）制度有效执行率	指标编号	QG-KPIo-04
指标来源	部门职能	相关部门	企管部、相关部门
指标目的	确保流程（制度）有效执行		
计算公式	已发布公司级（流程）制度有效执行率 = （已发布公司级流程（制度）有效执行数 / 已发布流程（制度）总数）× 100%		
特殊说明	（1）由于流程 / 制度本身存在问题、缺陷、流程 / 制度修订不及时、或缺乏执行力度而造成制度无法有效执行的，均属执行无效 （2）流程 / 制度的执行的有效性评价由总经办每半年组织相关人员小组评定一次		
计量单位	%	统计周期	月
指标极性	越大越好	数据输出部门	绩效委员会
数据输出时间	每月 5 日	指标考核周期	季度
指标考核方法	比率法	指标性质	定量指标

表 8-88 法律纠纷有效结案数定义

指标名称	法律纠纷有效结案数	指标编号	XZ-KPIo-05
指标来源	部门职能	相关部门	企管部
指标目的	降低法律风险，减少企业损失		
计算公式	法律纠纷有效结案数 = 当期公司立案的法律纠纷有效结案数 - 计划数		
特殊说明	（1）有效结案以法院调解、裁定或判决书为准 （2）公司立案法律纠纷数包括期初计划数和期间追加数		
计量单位	个	统计周期	月
指标极性	越小越好	数据输出部门	企管部
数据输出时间	每月 5 日	指标考核周期	季
指标考核方法	说明法、减分法	指标性质	定量指标

表 8-89 总经理办公会议决议有效执行率定义

指标名称	总经理办公会议决议有效执行率	指标编号	XZ-KPIo-06
指标来源	部门职能	相关部门	企管部、各部门
指标目的	强化会议纪律严肃性		
计算公式	总经理办公会议决议有效执行率 = （总经理办公会议决议有效执行个数 / 总经理办公会议决议个数）× 100%		
特殊说明	总经理办公会议决议有效执行情况以总经理评价为准		
计量单位	%	统计周期	月

续表

指标名称	总经理办公会议决议有效执行率	指标编号	XZ-KPIo-06
指标极性	越大越好	数据输出部门	总经理
数据输出时间	每月 5 日	指标考核周期	季
指标考核方法	说明法、减分法	指标性质	定量指标

2.IT 类常用 KPI（见表 8-90 ~ 表 8-94）

表 8-90　企业信息化推进计划达成率定义

指标名称	企业信息化推进计划达成率	指标编号	IT-KPIs-01
指标来源	年度经营计划	相关部门	IT 部、相关部门
指标目的	提高企业信息化水平		
计算公式	企业信息化推进计划达成率 =（企业信息化推进计划完成项 / 计划项目总数）× 100%		
特殊说明	（1）企业信息化推进计划包括：硬件配置、硬件维护、软件开发和升级维护、网络维护、网页制作与更新、计算机服务 （2）企业信息化推进计划必须在考核前完成		
计量单位	%	统计周期	月
指标极性	越大越好	数据输出部门	企管部
数据输出时间	每月 5 日	指标考核周期	季度
指标考核方法	比率法	指标性质	定量指标

表 8-91　流程 E 化项数定义

指标名称	流程 E 化项数	指标编号	IT-KPIp-01
指标来源	流程管理流程	相关部门	IT 部、相关部门
指标目的	提升流程信息化水平		
计算公式	流程 E 化项数 = 已经上线实现的流程数 – 计划数		
特殊说明	数据由 IT 部提供，须附相关证明数据，并经分管副总审核		
计量单位	条	统计周期	月
指标极性	越小越好	数据输出部门	IT 部
数据输出时间	每月 5 日	指标考核周期	季度
指标考核方法	说明法	指标性质	定量指标

表 8-92　ERP 计划执行率定义

指标名称	ERP 计划执行率	指标编号	IT-KPIp-02
指标来源	ERP 管理流程	相关部门	IT 部、相关部门
指标目的	提高 ERP 应用深度和广度		

指标名称	ERP 计划执行率	指标编号	IT-KPIp-02
计算公式	ERP 计划执行率 =（ERP 分阶段项目实际完成数 /ERP 分阶段项目计划完成数）× 100%		
特殊说明	数据由 IT 部提供，须附相关证明数据，并经分管副总审核		
计量单位	%	统计周期	季
指标极性	越大越好	数据输出部门	IT 部
数据输出时间	每季次月 8 日	指标考核周期	季
指标考核方法	说明法	指标性质	定量指标

表 8-93 IT 培训计划达标率定义

指标名称	IT 培训计划达标率	指标编号	IT-KPIo-01
指标来源	部门职能	相关部门	IT 部
指标目的	提高员工 IT 应用能力		
计算公式	IT 培训计划达标率 =（IT 培训课程完成数 /IT 培训课程计划数）× 100%		
特殊说明	数据以人力资源部培训台账为准		
计量单位	%	统计周期	月
指标极性	越大越好	数据输出部门	人力资源部
数据输出时间	每月 5 日	指标考核周期	季
指标考核方法	比率法	指标性质	定量指标

表 8-94 信息系统重大事故次数定义

指标名称	信息系统重大事故次数	指标编号	IT-KPIo-02
指标来源	部门职能	相关部门	IT 部
指标目的	提高系统安全性能，防范系统安全事故		
计算公式	期内实际发生信息系统事故次数		
特殊说明	信息系统重大事故包括： （1）受影响的工作站大于 30 台，正常上班系统停用时间大于 30 分钟 （2）办公系统（OA），由于内部原因造成 30% 的工作站不能用 （3）财务系统由于内部原因造成 30% 的工作站不能用，硬设备停用 1 天 （4）ERP 系统由于内部原因造成 30% 的工作站不能用，停用 24 小时 （5）人事考勤系统由于内部原因造成 30% 的工作站不能用或 IC 卡钟停用 1 天		
计量单位	次	统计周期	月
指标极性	越小越好	数据输出部门	企管部
数据输出时间	每月 5 日	指标考核周期	季
指标考核方法	减分法	指标性质	定量指标

（七）常用定性KPI（见表8-95～表8-122）

表8-95 营销体系实施有效性评价

评价维度	权重	D（远低于目标） □10分 □20分 □30分	C（低于目标） □40分 □50分 □60分	B（达到目标） □70分 □80分 □90分	A（高于目标） □100分 □110分 □120分
工作计划性	40%	工作开展没有任何计划性或计划非常差，完全无法指导工作开展	工作开展有一定计划，但计划性不高，存有一些问题	工作开展有完整的计划，能够顺利指导工作完成	工作计划非常完整、细致和科学，能够确保工作高质量完成
措施实施评价	30%	措施制定不合理，相关措施无法实施，导致工作无法正常开展	措施制定能基本满足市场需求，相关措施可以开展，但仍存在一些问题	措施制定完整合理，相关措施能顺利开展，确保阶段性目标实现	能够根据市场变化制定非常强的针对措施，相关措施开展非常顺畅，市场及公司内部效果反应突出
营销效果评价	30%	营销结果完全没有达到预期效果	营销结果基本达到了预期效果，但仍有部分结果不尽如人意	营销结果达到了公司设定的目标和效果	营销结果明显超出了公司的期望，对业务发展有非常大的促进作用

表8-96 市场信息分析月报有效性评价

评价维度	权重	D（远低于目标） □10分 □20分 □30分	C（低于目标） □40分 □50分 □60分	B（达到目标） □70分 □80分 □90分	A（高于目标） □100分 □110分 □120分
报表及时性	10%	报告无合理理由延迟3个工作日及其以上提交	报告按时提交	特殊情况下仍可按时提交报告	突发信息可以立即反映在报告中并及时提交
报表准确性	30%	不准确，数据使得报告丧失了意义	准确，大多数数据可以作为下一步工作的基础	很准确，绝大多数数据可以作为下一步工作的基础	非常准确，可以作为工作的基础
决策支持	60%	可用以做出经营决策的观点基本没有	可用以做出经营决策的观点数量较多	可用以做出经营决策的观点很多，能支持一些决策	可用以做出经营决策的观点很多，尤其能支持重要决策，具有极高的决策价值

表 8-97　客户信用体系有效性评价

评价维度	权重	D（远低于目标）			C（低于目标）			B（达到目标）			A（高于目标）		
		□10分	□20分	□30分	□40分	□50分	□60分	□70分	□80分	□90分	□100分	□110分	□120分
信用风险防范	50%	信用风险控制手段缺乏，缺乏监督			对信用额度使用有控制与监督手段，但风险控制质量不高			对信用风险防范有较完善的控制手段，能够确保信用额度使用不失控			对信用风险控制非常严密，且能根据业务状况进行调整和反馈		
信用额度科学性	30%	信用额度制定完全与公司及经销商业务需求脱离			信用额度制定能基本满足公司业务需求，但仍存在一些局部问题			信用额度制定公平、合理，能满足公司及经销商需求			信用额度制定合理，且能根据信用额度分配带动公司及经销商业绩提升		
业务带动性	20%	信用体系对业务发展没有带动作用			信用体系对业务带动有一定作用，但效果不明显			信用体系对业务发展有明显带动作用，能满足公司及经销商需求			信用体系对业务发展有非常明显的带动作用，且深受公司及经销商的欢迎		

表 8-98　电视广告宣传效果评价

评价维度	权重	D（远低于目标）			C（低于目标）			B（达到目标）			A（高于目标）		
		□10分	□20分	□30分	□40分	□50分	□60分	□70分	□80分	□90分	□100分	□110分	□120分
制作质量	20%	广告质量效果非常差，完全没有吸引力和卖点			广告质量效果一般，没有明显吸引力和突出卖点			广告质量达到预期期望，卖点明显，给人留下深刻印象			广告质量非常好，卖点非常突出，对企业及产品形象提升用作突出		
客户反应	30%	客户反应非常差，对广告宣传无任何印象			客户反应一般，对广告宣传基本不知晓，但购买欲望不明显			客户反应热烈，对广告宣传内容比较熟悉，有明显购买欲望			客户反应非常热烈，对广告内容非常熟悉和认可，购买欲望非常强烈		
业务带动性	50%	对公司业务无任何带动作用			对公司业务有一定带动作用，但未达到预期目标			对公司业务发展有明显带动作用，达到预期目标			对公司业务发展有非常明显的带动作用，远远超过预期目标		

表8-99 投标体系运作有效性

评价维度	权重	D（远低于目标） □10分 □20分 □30分	C（低于目标） □40分 □50分 □60分	B（达到目标） □70分 □80分 □90分	A（高于目标） □100分 □110分 □120分
工作计划性	30%	工作开展没有任何计划性或计划开展性非常差，完全无法指导工作开展	工作开展有一定计划，但计划制定质量不高，存在一些问题	工作开展有完整度的计划，能够顺利指导工作完成	工作计划非常完整、细致和科学，能够确保工作高质量完成
过程公平性	30%	招投标过程存在有失公平的地方，招投标方存在抱怨	招投标基本能体现公平原则，但还存在一些局部问题	招投标过程公正、公平，招投标方对自身差距表示认可	招投标过程非常公平，招投标方一致认可相关过程操作
实施效果评价	40%	招投标结果远未达到公司预期效果	招投标结果基本达到公司预期结果，但仍存在不理想地方	招投标结果完全达到公司预期效果	招投标结果远远超出公司预期效果

表8-100 经销商评价有效性

评价维度	权重	D（远低于目标） □10分 □20分 □30分	C（低于目标） □40分 □50分 □60分	B（达到目标） □70分 □80分 □90分	A（高于目标） □100分 □110分 □120分
标准科学性	50%	标准制定完全没有体现公司意图和要求	标准制定基本体现了公司意图和要求，但仍存在一些问题	标准制定完全体现了公司意图和要求，能够有效评价经销商业绩	标准把握非常科学，体现公司意图要求非常透彻，对经销商评价及业绩提升有非常强的指导作用
评价公正性	30%	对经销商评价过程不合理，存在较明显的不公平不公正	对经销商评价基本体现了公平原则，但仍存在一些局部问题	经销商评价过程公平、公正，没有存在明显的错误或不公平	经销商评价过程非常公平、公正，没有错误或不公平
经销商反应	20%	经销商对评价结果非常不认同，存有很大抱怨	经销商对评价结果基本表示认同，但仍有部分不满意地方	经销商对评价结果表示认同，且非常清楚自身业绩与公司要求之间的差距	经销商对评价结果非常认同，且积极拥护公司的评价结果

表8-101 供应商管理体系有效性评价

评价维度	权重	D（远低于目标）			C（低于目标）			B（达到目标）			A（高于目标）		
		□10分	□20分	□30分	□40分	□50分	□60分	□70分	□80分	□90分	□100分	□110分	□120分
供应商分类	20%	未进行供应商分类管理			对供应商进行了分类管理，但还有待改进			建立了供应商分类管理制度，并对公司所有供应商进行分类管理			建立了供应商管理和分类标准，对供应商分类管理效果非常明显		
供应商档案	20%	未建立供应商档案管理制度，供应商档案管理混乱			建立了部分供应商档案，但供应商档案资料不全或更新不及时			按照供应商档案管理制度建立了完善的供应商档案，资料齐全，更新及时			供应商档案齐全，更新及时，对采购工作具有很强的指导作用		
供应商评价	30%	未按《采购控制程序》规定进行供应商评价			按照供应商评价体系要求组织合格供应商评审，但效果不理想			完全按照供应商评价体系要求进行合格供应商评审			合格供应商评审规范，记录完整		
供应商管理	30%	对合格供应商未实行动态管理			供应商日产管理相对比较规范			对供应商管理建立了动态管理机制，对不合格的供应商及时进行剔除，保证原材料供应合格率			供应商管理机制完善，原材料质量能够达到公司要求		

表8-102　生产技术问题处理有效性

评价维度	权重	D（远低于目标）□10分 □20分 □30分	C（低于目标）□40分 □50分 □60分	B（达到目标）□70分 □80分 □90分	A（高于目标）□100分 □110分 □120分
处理及时性	20%	问题处理非常不及时，严重影响了生产正常运作	问题处理比较及时，能基本保证生产正常运作，但仍有一定影响	问题处理及时到位，对生产运作影响非常小	特殊情况下仍能保证问题得到及时处理，对生产运作无任何影响
处理彻底性	30%	问题处理不彻底，短时期内仍反复出现同类问题	问题处理一般，短时期内仍出现其他故障影响生产	问题处理彻底，没有出现故障影响生产正常运作	不但能够对相关故障区域进行问题处理，且相关系统的其他区域长时期内不存在任何问题隐患
专业水平评价	20%	问题解决过程中没有体现出应有的专业水平	问题解决过程中基本体现了应有的专业水平，但仍有部分令人不满意的地方	问题解决过程中充分展示了应有的专业水平，能够顺利保障技术问题解决	问题解决过程中体现了非常高的技术水平，能给人以很强的技术指导，对未来技术提升有很大帮助
实施过程评价	30%	实施过程组织非常不合理，严重影响了技术问题的顺利解决	实施过程中组织基本合理，能够基本确保技术问题解决，但仍有改进的地方	实施过程中组织合理，措施有力，能够顺利解决相关技术问题	实施过程中准备与组织工作非常充分，能够化解各种突发事故，保障技术问题顺利解决，对生产无任何影响

表8-103 工程项目查出问题有效性

评价维度	权重	D（远低于目标）			C（低于目标）			B（达到目标）			A（高于目标）		
		□10分	□20分	□30分	□40分	□50分	□60分	□70分	□80分	□90分	□100分	□110分	□120分
现场设备维护状况	40%	现场设备维护差，完全没有按照设备维护等相关制度执行			现场设备维护一般			现场设备维护良好，有计划、有记录			现场设备维护状况非常理想，完全按照公司的相关制度执行		
指导效果	20%	对现场设备维护基本上没有任何指导			对现场人员设备维护进行教育，但效果一般			对如何指导现场进行设备维护已经建立了完善的管理体系、定期检查，发现问题及时处理			对现场设备维护指导措施明确，效果理想		
现场设备问题解决及时性	40%	现场设备问题完全是由现场人员自己解决			对现场设备问题有解决，但存在解决不及时的问题，经常会得到现场的投诉			设定专人负责现场设备问题的分析和解决，效果良好			建立了设备分级维护保养制度，对现场发生的重大设备问题能够及时以解决，现场人员非常满意		

表8-104 工艺项目查出问题有效性

评价维度	权重	D（远低于目标）			C（低于目标）			B（达到目标）			A（高于目标）		
		□10分	□20分	□30分	□40分	□50分	□60分	□70分	□80分	□90分	□100分	□110分	□120分
问题发现及时性	50%	发现问题非常不及时，严重影响工工程项目的正常运作			发现问题比较及时，能基本保证工程项目的正常运作，但仍有一定影响			发现问题及时到位，对工程项目运作影响非常小			特殊情况下仍能及时发现问题，对工程项目运作无任何影响		
问题处理彻底性	20%	问题处理不彻底，短时期内仍出现复出现同类问题			问题处理一般，短时期内仍出现其他故障，影响工程进度			问题处理彻底，没有出现故障，响工程项目的正常运作			不但能够对相关故障区域进行问题处理，且相关系统的其他区域长时期内不存任何问题隐患		
问题发现准确性	30%	问题发现非常不准确，没有体现出应有的专业水平			问题发现基本准确，基本体现了应有的专业水平，但仍有部分令人不满意的地方			问题发现准确合理，充分展示了应有的专业水平			问题发现非常准确，且能查出背后原因，体现了非常高的技术水平，对未来技术提升有很大帮助		

表8-105 6S项目实施效果评价

评价维度	权重	D（远低于目标）			C（低于目标）			B（达到目标）			A（高于目标）		
		□10分	□20分	□30分	□40分	□50分	□60分	□70分	□80分	□90分	□100分	□110分	□120分
项目开展计划性	20%	项目实施完全无计划，导致工作开展混乱无序			项目开展有计划且能基本实施，但仍存有很大不足和改善空间			项目开展有完整细致的计划，能够顺利实施，达到阶段性目标			项目开展计划非常明确清晰，相关部门能够完全按照计划实施，确保项目达到预期目标		
保障措施评价	20%	项目开展无任何保障措施			项目开展有一定保障措施，对项目推动有一定作用，但效果不明显			项目开展有较完善的保障措施，对项目推动作用明显			项目开展有非常细致完整的保障措施，能够保证项目顺利推进		
项目组织评价	20%	项目开展无固定组织进行推动，严重影响了项目实施			项目开展有固定组织进行推动，但推进作用不明显，影响力不显著			项目开展有较强的固定组织的推动，项目实施顺利，公司中形成较强的氛围			项目开展有固定组织推动，且组织运作能够影响公司内部的其他组织，形成较强的项目推进氛围		
项目效果评价	40%	项目效果远未达到公司预期目标，非常令人不满意			项目实施效果基本达到了公司预期目标，但仍存有许多改善空间			项目实施效果达到了公司预期目标，基本令人满意			项目实施效果大大超出了公司预期目标，令人惊喜，对公司相关管理改善有很大的提升作用		

表 8-106 质量分析有效性评价

评价维度	权重	D（远低于目标）			C（低于目标）			B（达到目标）			A（高于目标）		
		□10分	□20分	□30分	□40分	□50分	□60分	□70分	□80分	□90分	□100分	□110分	□120分
及时性	10%	报告无合理理由延迟3个工作日及其以上提交			质量报告按时提交			特殊情况下仍可按时提交质量报告			突发信息可以立即反映在报告中并及时提交		
准确性	20%	不准确，数据使得报告失了意义			准确，大多数数据可以作为下一步工作的基础			很准确，绝大多数数据可以作为下一步工作的基础			非常准确，可以作为下一步工作的基础		
决策价值	60%	可用于做出经营决策的观点基本没有			可用于做出经营决策的观点数量较多			可用于做出经营决策的观点很多，能支持一些决策			可用于做出经营决策的观点很多，尤其是能支持重要决策，高的决策价值		
分析结果监督	20%	质量分析结果无改进建议			对财务分析结果监督情况一般			能够按照公司相关规定及时监督分析结果执行情况			能够站在质量管理的高度对质量分析过程中发现的各种管理问题进行监督，效果明显		

表 8-107 质量体系实施有效性评价

评价维度	权重	D（远低于目标）			C（低于目标）			B（达到目标）			A（高于目标）		
		□10分	□20分	□30分	□40分	□50分	□60分	□70分	□80分	□90分	□100分	□110分	□120分
文件修订	40%	未按外审文件不符合项、新生效的规则、规定及要求中所提出的修改要求进行修改			基本按文件要求进行文件的修订，并能够保证时效性			完全按照文件要求的各项要求进行文件修改，基本实现文件的动态改进			完全按照文件修改的各项要求进行动态修改，使体系文件得到动态改进和完善		
内审情况	35%	没有按照制定的内审计划实施审核			基本按照已制定的内审计划实施审核，但内审不符合项未及时关闭			完全按计划完成内审，且内审不符合项在限期内完成纠正			有效完成内审计划，及时关闭不符合项，通过内审推动体系的运行		
外审情况	25%	未按有关规定要求申请安排外审			按时申请安排外审，但未及时跟踪关闭不符合项			及时申请安排外审，在规定限期内完成不符合项关闭			高效率地申请外审，及时关闭了不符合项，受到核方好评		

表 8-108　仓储管理有效性评价

评价维度	权重	D（远低于目标）			C（低于目标）				B（达到目标）				A（超过目标）			
		☐ 10分	☐ 20分	☐ 30分	☐ 40分	☐ 50分	☐ 60分		☐ 70分	☐ 80分	☐ 90分		☐ 100分	☐ 110分	☐ 120分	
制度标准建设	30%	物资管理的相关标准及制度非常不完善、体系不健全，不合理			物资管理的相关标准及制度存在较多不合理的地方，体系上存在部分管理空白				物资管理的相关标准及制度比较合理和健全，存有少许的不合理之处，但对日常管理没有较大影响				物资管理的相关标准及制度健全及符合目前的公司实际和合理，非常符合日常运作需求和要求			
仓库管理评价	20%	仓库管理非常混乱，存在非常大的错误，远没有达到公司基本要求和期望			仓库管理存在一定程度上的混乱，有较大的错误，距离公司要求和期望还有一定差距				仓库管理基本达到了公司的要求和期望，但仍存在提升的空白和潜力				仓库管理超出了公司的期望目标和要求，对公司现在的物资管理体系提升作用非常显著			
采购验收管理评价	30%	采购合格率与公司要求差距非常大，不合格品的退还完全没有达到公司要求，严重影响了公司的经营运作			采购合格率与公司要求存在一定差距，对部分不合格品的处理没有达到公司要求，对公司经营运作造成了一定影响				采购合格率基本达到了公司的要求，对不合格品的处理亦达到公司要求，确保了公司的经营运作需要				采购合格率超出了公司的要求，对相应的不合格品处理和机制有效的保障措施和机制，完全确保了公司的经营运作需要			
物资发放管理评价	20%	物资发放完全没有按照公司的相关规定操作执行，管理非常混乱，账目不符非常严重			物资发放部分环节上没有按照公司的相关规定操作执行，管理上存在一定的混乱，部分账目不符				物资发放基本按照公司的管理规定操作执行，但仍有少许错误和遗漏				物资发放非常严格，完全按照公司的管理规定执行，账目非常清晰和吻合			

表 8-109　成本核算体系有效性评价

评价维度	权重	D（远低于目标）					C（低于目标）				B（达到目标）				A（高于目标）			
		□10分	□20分	□30分	□40分	□50分	□60分	□70分	□80分	□90分	□100分	□110分	□120分
成本核算准确性	30%	成本核算不能反映所发生的各项成本			成本核算能够真实反映所发生的各项成本			成本核算准确，成本分摊合理			成本核算非常准确，能够将各个单项产品和费用核算得非常细致清楚		
财务报表及时性	15%	报表无合理理由延迟3个工作日及其以上提交			财务报表按时提交			特殊情况下仍可按时提交报表			突发信息可以特殊方式反映并及时提交		
财务报表准确性	25%	不准确，数据使得报告失了意义			准确，大多数数据可以作为下一步工作的基础			很准确，绝大多数数据可以作为下一步工作的基础			非常准确，可以完全作为下一步工作的基础		
财务类绩效指标的准确性	15%	财务类绩效指标数据提供得不准确，各部门意见很大			比较准确，并能按时提供			非常准确，并能按照绩效管理体系要求进行及时核算与提供			数据提供及时、准确，并能够通过绩效数据的分析，为公司绩效体系改进和战略决策提供依据		
财务核算的合法性	15%	基本上按照公司财务相关法律法规进行财务核算工作，但部分工作有待改善			完全按照公司财务相关法律规建立公司财务核算体系，部分工作有待改善			财务核算体系合法、目各项费用、各种账务处理得当			完全按照相关法律法律开展工作，并能够结合公司实际做到合法、合理，保证公司利益最大化		

表 8-110　财务数据提供的准确率评价

评价维度	权重	D（远低于目标）			C（低于目标）			B（达到目标）			A（高于目标）		
		□ 10分	□ 20分	□ 30分	□ 40分	□ 50分	□ 60分	□ 70分	□ 80分	□ 90分	□ 100分	□ 110分	□ 120分
成本核算准确性	30%	成本核算不能反映所发生的各项成本			成本核算能够真实反映所发生的各项成本			成本核算准确，成本分摊合理			成本核算非常准确，能够将各个单项产品和费用核算得非常详细致清楚		
财务报表及时性	30%	报表无合理理由延迟3个工作日及其以上提交			财务报表按时提交			特殊情况下仍可按时提交报表			突发信息可以特殊方式反映并及时提交		
财务报表准确性	40%	不准确，数据使得报告丧失了意义			准确，大多数数据可以作为下一步工作的基础			很准确，绝大多数数据可以作为下一步工作的基础			非常准确，可以完全作为下一步工作的基础		

表 8-111　财务分析有效性评价

评价维度	权重	D（远低于目标）			C（低于目标）			B（达到目标）			A（高于目标）		
		□ 10分	□ 20分	□ 30分	□ 40分	□ 50分	□ 60分	□ 70分	□ 80分	□ 90分	□ 100分	□ 110分	□ 120分
准确性	20%	不准确，数据使得报告丧失了意义			准确，大多数数据可以作为下一步工作的基础			很准确，绝大多数数据可以作为下一步工作的基础			非常准确，绝大多数数据可以作为下一步工作的基础		
决策价值	60%	可用于做出经营决策的观点基本没有			可用于做出经营决策的观点较多			可用于做出经营决策的观点很多，能支持一些决策			可用于做出经营决策的观点很多，尤其能支持重要决策，具有极高的决策价值		
分析结果监督	20%	财务分析结果无改进建议			对财务分析结果监督情况执行一般			能够按照公司相关规定及时监督分析结果执行情况			能够站在财务管理的高度对财务分析过程中发现的各种管理问题进行监督，效果明显		

表 8-112　财务预算管理体系有效性评价

评价维度	权重	D（远低于目标）□10分 □20分 □30分	C（低于目标）□40分 □50分 □60分	B（达到目标）□70分 □80分 □90分	A（高于目标）□100分 □110分 □120分
预算项目分解	10%	成本（费用）项目完全没有分解	基本上对每个部门所归口的成本（费用）项目进行了分解	各部门归口的成本（费用）解清晰、各部门清楚各种成本（费用）的来源	各部门成本（费用）分解清晰，并能指导各部门进行成本（费用）控制
预算与控制	50%	各部门成本（费用）没有预算和控制	各部门定期编制本部门成本（费用）预算，但执行效果一般	各部门严格按照财务投资部确定的成本（费用）预算体系定期编制预算，并按预算进行控制	费用预算编制及时、准确、执行效果非常理想
执行状况评价	40%	对各部门预算执行情况没有系统分析和总结	定期进行预算执行状况的分析和总结	通过对预算执行状况的分析和总结，能够及时发现问题进行改进	通过预算管理体系，强化财务管理的功能，并能够通过预算管理进一步指导和评价各部门工作

表 8-113　薪酬体系实施有效性评价

评价维度	权重	D（远低于目标）□10分 □20分 □30分	C（低于目标）□40分 □50分 □60分	B（达到目标）□70分 □80分 □90分	A（高于目标）□100分 □110分 □120分
部门内部考核	30%	各部门内部没有建立相应的内部考核与分配机制	各部门按照公司要求建立了了相关的考核与分配方案，但执行效果一般	各部门严格按照公司建立了了相关的考核与分配方案，执行效果尚可	各部门严格按照公司规定建立了相关的考核与分配方案，执行效果非常理想
薪酬计算	30%	薪酬计算经常出现差错，导致员工投诉	基本上能够按照公司薪酬管理手册进行薪酬的计算和发放	薪酬计算准确，并能指导其他部门进行薪酬的内部分配	通过薪酬计算，发现薪酬体系中存在的问题，并能够进行有效改进
薪酬总额控制	40%	薪酬总额完全没有控制	薪酬总额控制不利，总额超过预算的±15%	薪酬总额控制措施到位，总额控制在±15%以内	总额控制在±10%以内

表 8-114　培训管理有效性评价

评价维度	权重	D（远低于目标）			C（低于目标）			B（达到目标）			A（超过目标）		
		□10分	□20分	□30分	□40分	□50分	□60分	□70分	□80分	□90分	□100分	□110分	□120分
培训制度建立	30%	相关培训制度完全没有建立，或建立的培训制度体系非常不健全，难以满足公司的正常培训管理的需要			建立了部分培训管理制度，但仍不完善，与公司对培训管理现有的需求存在一定差距			建立了较为完善的培训管理制度，基本可以满足公司现有的正常培训管理需要			建立了非常完善的培训管理制度，具有一定的前瞻性，可满足公司今后一段时期的培训管理需要		
培训组织准备	30%	培训组织非常无序混乱，相关准备非常不到位，严重影响了培训活动的组织开展			培训组织在部分环节上存在一定的差距，部分培训前期准备不充分，对培训开展有一定影响			培训组织准备有序，基本顺利地实现了相关培训活动			培训前期准备非常充分，组织过程非常严谨，培训实施非常顺利		
培训效果评价	40%	培训效果员工反映非常差，距离公司要求有很大差距			培训效果员工反映比较差，距离公司要求存在一定差距			培训效果员工反映一般、基本达到了公司的要求，但少部分环节仍不能令人满意			培训效果员工反映非常好、远远超出了公司的要求，非常令人满意		

表 8-115　绩效体系实施有效性评价

评价维度	权重	D（远低于目标）			C（低于目标）			B（达到目标）			A（高于目标）		
		□10分	□20分	□30分	□40分	□50分	□60分	□70分	□80分	□90分	□100分	□110分	□120分
指标分解科学性	50%	指标分解完全没有按照公司目标展开			指标分解基本上按照公司目标展开，但很多指标很难考核			考核指标完全按照公司目标展开，指标分解充分、能支撑公司目标实现			指标分解非常清晰，数据来源的渠道设计合理		
考核过程公平性	30%	考核过程存在有失公平的地方，员工抱怨较大			考核过程基本上能体现公平原则，但还存在一些局部的问题			考核过程公平、公开，员工清楚自己的工作实际			考核过程公平，并且通过考核员工清晰自己未来的发展		
考核结果应用	20%	考核结果应用员工觉得问题比较多			考核结果仅用于发放绩效奖金			考核结果应用广泛，员工没有意见			完全按照公司目标绩效管理体系开展，应用领域广泛，并且在部门内部制定了相应的应用机制和措施		

表 8-116 企业文化建设有效性评价

评价维度	权重	D（远低于目标）□10分 □20分 □30分	C（低于目标）□40分 □50分 □60分	B（达到目标）□70分 □80分 □90分	A（超过目标）□100分 □110分 □120分
员工认知度	30%	对员工未开展企业文化宣传和教育，员工对企业文化的认知度很低	按计划开展企业文化相关知识的宣传教育，员工对公司的企业文化有一定的认知度	员工清楚公司文化的内涵和外延，能够对其他员工进行宣讲	员工对企业文化的认知度高，能够清晰地描述企业文化的本质，并在日常工作中严格按照公司文化进行工作
CIS 应用	20%	未进行企业形象系统设计	企业形象系统运用一般，存在很多不规范	完全按照公司形象设计系统规范公司的各类识别系统	CIS 应用规范，效果理想
体系的完整性	50%	企业文化建设未按计划实施，企业文化体系不健全	能够按照计划执行，但效果一般	企业文化体系健全	企业文化体系非常健全，对企业日常管理和战略决策起到很好的支持作用

表 8-117 公司文化宣传有效性评价

评价维度	权重	D（远低于目标）□10分 □20分 □30分	C（低于目标）□40分 □50分 □60分	B（达到目标）□70分 □80分 □90分	A（超过目标）□100分 □110分 □120分
组织管理评价	30%	宣传网络不健全，文化活动非常无序，相关的文化活动开展职责不明确，严重影响了正常活动的开展	宣传网络不太健全，文化活动部分环节上组织准备存在缺陷，对正常活动开展构成了一定影响	宣传网络比较健全，文化活动组织比较及时到位，职责分工明确，确保了正常活动的开展	宣传网络非常健全，文化宣传非常及时，确保了在各类情况下，活动也能正常顺利得到开展
活动质量评价	30%	活动质量非常差，远没有达到公司规定和要求，时间上严重滞后	活动质量较差，距离公司要求和规定还有一定差距，时间上有一定延误	活动质量较好，基本达到了公司的要求和期望，相关活动如期得到举行	活动质量非常好，远超出了公司要求和期望，相关活动提前完成或完成发事情况下也能正常完成
宣传效果评价	40%	宣传效果非常差，完全没有配合到公司同和不理解，相关活动的开展没有起到顺利作用	宣传效果比较差，部分员工对宣传材料表示不理解和不认同，对公司相关活动开展没有起到应有的促进作用	宣传效果比较好，大多数员工对公司宣传材表示理解和认同，对公司相关活动开展起到了较大的促进作用	宣传效果非常好，员工非常理解和支持公司决定，对公司相关活动开展起到了非常大的促进作用

表8-118 部门建设状况评价

评价维度	权重	D（远于目标）			C（低于目标）			B（达到目标）			A（高于目标）		
		□10分	□20分	□30分	□40分	□50分	□60分	□70分	□80分	□90分	□100分	□110分	□120分
内部绩效活动开展	20%	内部绩效活动没有开展，或内部绩效活动开展得非常混乱			内部绩效活动能基本开展，但仍存在许多不足			内部绩效活动能顺利有效开展，得到大多数员工的认同和支持			内部绩效活动的开展非常有序，运行效率很高，对其后期的绩效改进效果明显		
内部制度流程运作	25%	内部制度流程形同虚设，无人遵守			内部制度流程能得到大多数员工的遵守，但仍会发生部分违反制度流程的现象			内部制度流程能得到员工的理解和支持，没有发生违反制度流程的现象			内部制度流程已成为员工的自觉工作规范和要求，能严格按照规定他人实施，并监督他人实施		
内部工作氛围评价	25%	内部工作氛围非常糟糕，员工之间无法有效形成团队合作，难以支撑工作顺利开展			内部工作氛围一般，能够确保部门日常工作的顺利进行和开展			内部存有良好的工作氛围，员工之间有良好的团队合作精神，能够确保部门工作以较高质量完成			内部工作氛围非常融洽，员工有强烈的团队合作和集体主义精神，能顺利完成和处理好各部门的各种冲突发事故		
内部员工管理	30%	内部无法有效对员工开展管理，员工素质及技能长期难以得到提高			内部对员工管理工作开展一般，员工素质及技能成长缓慢，部分达到预期目标			内部能对员工进行有效管理，工能在规定时限内顺利得到员工技能提升，达到预期目标			内部对员工管理工作非常有效，员工已转换成为员工的自觉行动，员工的素质及技能提升远超出预期目标		

表 8-119 会议管理有效性评价

评价维度	权重	D（远低于目标）			C（低于目标）			B（达到目标）			A（高于目标）		
		□10分	□20分	□30分	□40分	□50分	□60分	□70分	□80分	□90分	□100分	□110分	□120分
会务准备评价	30%	会务准备非常不充分，严重影响了会议的正常顺利举行			会务准备部分环节存在不足，对会议的正常顺利举行构成了一定影响			会议准备比较充分，确保了会议的正常顺利举行			会议准备非常充分，即使在突发情况下也能确保会议的正常顺利举行		
会议安排合理	30%	会议安排非常不合理，完全没有确保会议正常举行			会议安排在部分环节上不太合理，导致部分部门没有正常参加相关会议			会议安排比较合理，基本确保了相关部门正常参加会议			会议安排非常合理，即使在突发情况下也能妥善处理相关部门参加会议		
会议决议执行评价	40%	执行效果非常差，完全没有达到会议决议要求			执行效果比较差，部分事项没有达到会议决议要求			执行效果比较好，大多数事项基本达到了会议决议要求			执行效果非常好，全部事项均达到了公司的会议决议要求		

表 8-120 公文管理有效性评价

评价维度	权重	D（远低于目标）			C（低于目标）			B（达到目标）			A（高于目标）		
		□10分	□20分	□30分	□40分	□50分	□60分	□70分	□80分	□90分	□100分	□110分	□120分
公文处理及时性	40%	公文处理非常不及时，造成严重延误（超出规定时限3天以上）			公文处理不及时，距离规定时限有一定延误（超出规定时限1~3天）			公文处理比较及时，能够按时将相关公文处理完毕			公文处理非常及时，即使在突发情况下也能按时完成		
公文格式规范性	20%	公文格式非常不规范，完全不符合公司及总厂相关格式规定			公文格式部分环节上不符合公司及总厂规定不相符合			公文格式基本符合公司及总厂的相关规定，仅有很少地方不太符合规定			公文格式完全符合公司及总厂的相关规定，几乎不存在不符合的地方		
公文审核有效性	40%	公文审核非常无效，非常不负责任，存在着严重的内容错误			公文审核不太认真负责，部分环节上存在着明显的内容错误			公文审核认真负责，仅有极少严重的内容错误			公文审核非常认真和细致，几乎不存在相关的内容错误		

表8-121 内部客户满意度评价

评价维度	权重	D（远低于目标）			C（低于目标）			B（达到目标）			A（高于目标）		
		□10分	□20分	□30分	□40分	□50分	□60分	□70分	□80分	□90分	□100分	□110分	□120分
工作配合	20%	部门之间配合性很差			部门之间配合一般，对其他部门需要本部门配合的事情，基本上被动地按相关规定执行			配合态度很好，经常主动帮助需配合部门做好相关工作			除了完成本部门工作之外，经常关心流程上下游工作开展情况，并能够做到随时予以帮助		
协调难度	20%	很难就相关工作进行沟通，部门自我保护意识很强			协调难度一般，基本能够做到沟通			容易沟通，很容易就某项工作达成一致			积极与其他部门进行沟通，促使各部门之间工作关系顺畅，工作效率很高		
服务意识	30%	常常不能按照职责要求为客户提供配合			基本上能按照职责要求配合客户的工作			能够按照职责要求主动为客户提供协助和配合，态度良好			以客为尊，重视对客户的配合和协助，主动关注其需求，并提供优质服务		
流程效率	30%	经常因为部门原因造成流程实现困难			基本上能够以流程实现为准绳进行协调与沟通			善于以流程实现为目的，地弃部门本位主义，流程实现良好			严格以流程实现为目的，积极组织部门相关人员参与到流程实现和流程改善中来		

表 8-122　分管部门有效性评价

评价维度	权重	D（远低于目标）			C（低于目标）			B（达到目标）			A（高于目标）		
		□10分	□20分	□30分	□40分	□50分	□60分	□70分	□80分	□90分	□100分	□110分	□120分
分管部门制度流程运作	30%	内部制度流程形同虚设，无人遵守			内部制度流程能得到大多数员工的遵守，但仍会发生部分违反制度流程的现象			内部制度流程能得到员工的理解和支持，没有发生违反流程的现象			内部制度流程已成为员工的自觉工作规范和要求，能严格按照相关规定主动遵守，并监督他人实施		
分管部门工作氛围评价	30%	内部工作氛围非常糟糕，员工相互之间无法有效形成团队合作，难以支撑工作顺利开展			内部工作氛围一般，能够确保部门日常工作的顺利进行和开展			内部有良好的工作氛围，员工之间有良好的团队合作精神，能够确保部门工作正常高质量完成			内部工作氛围非常优秀，员工有强烈的团队合作和集体主义精神，能顺利完成和处理好部门的各种突发事故		
分管部门员工管理	40%	内部无法有效对员工开展管理，员工素质及技能长期难以得到提高			内部对员工管理工作开展一般，员工素质及技能成长缓慢，部分达到预期目标			内部能对员工进行有效管理，员工能在规定时限内顺利得到素质及技能提升，达到预期目标			内部对员工管理工作非常有效，已转换成为员工的自觉行动，员工的素质及技能提升远超出远期目标		

一 常用 KCI

（一）常用 KCIs（见表 8-123）

表 8-123 常用 KCIs

KCIs	KCIs定义	分级描述			
		1级	2级	3级	4级
执行能力	贯彻执行岗位、部门或公司交办的工作任务，有办的各项工作任务，有效达到目标的能力	能够按时完成上级主管领导交办的各项工作任务	能利用有效的方法和途径，较圆满地按时完成工作任务	经常提前完成工作任务，能主动思考并提出提高工作效率实践的建议	能够充分利用资源、不断创新提高完成工作任务的方法并善于实践总结
制度执行能力	贯彻施行、实际履行上级设定或交办及制度规定的工作任务，工作方法的能力	能按时完成上级主管交办的各项工作任务及制度规定的工作任务的能力	能利用有效的方法和途径，较圆满地按时完成工作任务	经常提前完成工作任务，能主动思考并提出提高工作效益的建议	能够理解制度内涵，充分利用资源、不断创新提高工作任务的方法并善于实践总结
沟通能力	通过口头方式表达、交流思想的能力	能够为工作事项进行联系或相互简单口头交流	能够与他人进行较清晰的思想交流、能够抓住重点，让别人易于理解	沟通技巧较高，具有较强的个人魅力，说服力和影响力、有很强的感召力	沟通时有较强的个人魅力，影响力极强、有很强的感召力
谈判能力	在谈判过程中正确理解对方观点、关注的利益，运用谈判技巧维护公司利益，达成谈判目标或寻找双赢方案的能力	在谈判过程中善于表达并坚持自己的观点和利益，实现已方谈判目标	在坚持原则的前提下，具有相当的灵活性，善于表达并维护公司的利益，能较好地实现已方谈判目标	在谈判过程中能快速识别对方的谈判风格，并以此适当调整其所关注的利益，谈判结果超出已方预期目标	在该判过程能准确把握对方的观点，洞察其所关注的利益，善于挖掘双赢的解决方案，实现双赢

续表

KCIs	KCIs定义	分级描述			
		1级	2级	3级	4级
学习能力	通过阅读、听讲、研究、实践等方法求得工作所需要的知识与技能的能力,以及所学知识的应用	掌握基本的学习方法,能在指导下学习与工作相关的知识	具有一定的学习兴趣和自学能力,能通过阅读、听讲方式等求得知识或技能	掌握全面的学习方法,可通过阅读、听讲、学习新技能,可根据对研究和经验的总结,自主解决某类问题	学习能力强,学习欲望较强,能运用有效的学习方法迅速掌握所学的主要内容,有明确的学习目的和计划
解决问题能力	独立处理工作中所遇到的各种问题,找到解决办法,解决问题的能力	问题发生后,能够积极主动去思考问题解决方法	问题发生后,能够分辨关键问题,找到解决办法,并设法解决	对重大问题,能够准确分析问题的原因,能够找到解决问题的突破口	能迅速理解并把握各种重大复杂的事物的本质,能够快速找到问题的突破口,并能制定问题预防的策略
危机处理能力	及时对危机情景做出反应,解决相关的有关问题,最大限度地降低危机危害性的能力	能提前觉察到潜在的危机,并采取相应的预防措施	发生危机时,能迅速地进行处理,阻止危机扩大化	能够及时地将有关信息传递给必须迅速对危机做出反应的人,确保将危机带来的频失降为最少	能进行危机的预防,一旦发生危机,能够迅速做出正确决策,并能从经验中学习,防止同类事件再次发生
计算机应用能力	运用计算机有效进行工作的能力,包括常用办公软件使用、网络应用、简单问题的解决等	能使用计算机进行文档处理,如WORD、EXCEL、PPT等;能使用计算机进行基本上网操作,如收发电子邮件、浏览、检索	能够熟练使用计算机进行文档处理,进行办公和基本ERP等软件系统	在2级的基础上,能使用计算机进行数据分析和处理,如统计分析数据、数据库等,或熟练使用ERP系统	能借助计算机来完成专业性工作,如统计分析财务管理、数据库等,或熟练使用CAD、数据库等,能解决计算机应用方面的技术问题

续表

KCIs	KCIs 定义	分级描述			
		1 级	2 级	3 级	4 级
适应能力	在不同的环境下，与不同的个人或团体工作时表现出来的适应与绩效的能力	能够客观看到事实情况，能够认识到别人观点的有效性与可取性	针对环境的变化或他人的反应能够调整自己的行为或工作技巧，改变个人行为或方法以适应环境	能接受环境的含糊性和不确定性，并能很快地调整自己的行为，以把握出现的机会或处理突发危机	能接受和吸收新的工作方法和程序，在不同的环境中，不同的个体或群体面前，都能有效地完成工作任务
抗压能力	对压力有正确的认识，不因压力而失去信心，运用舒缓和调节方式并使自身保持良好状态，并达成工作目标的能力	有一定的容忍度，多数困难都能积极面对	在压力面前，不轻易放弃，能坚持完成工作任务	在压力面前，能通过积极有效的方式舒缓和调节自己，能有效达成工作目标	在压力面前，能预见危机，能认清自身形势和客观环境，始终保持积极乐观的心态，创造性应对和解决困难，有效达成工作目标
应变能力	有效应对挫折、逆境及突发事件的能力	面对各种限制、挫折、逆境，具有充分的灵活性	在局势不明朗的情况下，能够根据回馈的信息和经验，及时调整相应行为和策略	面对紧迫的情景和压力，能够很快地调整自己的心理和行为，并有效地推进工作	面对紧迫的情景和压力，能很快地调整自己的心理和行为，并以把握出现的机会或有效处理突发危机
人际理解能力	对信息的理解力和领悟力，对事物或别人思想的把握能力	对人际群体的基本信息的客观的认识	对人际群体的主要信息有较客观的分析，并能把握别人的思想	对人际群体的各种复杂信息进行较全面客观的分析，能够比较准确地把握别人的思想	对人际群体的各种显性和隐性信息都能够准确把握，并能通过口头或书面形式清晰地表达出来
人际交往能力	与他人相处，建立互相信任协作关系的能力	能够与他人相处，建立正常的工作关系，相处较为融洽	通过努力，能够与他人建立信任关系	与他人协作顺畅，能够与他人建立可信赖的长期关系	易与他人建立可信赖的积极发展的长期关系

续表

KCIs	KCIs定义	分级描述			
		1级	2级	3级	4级
演绎思维能力	一种对事物进行因果逻辑分析，并对结果进行检验的能力。通过把一个事务分解成若干部分，或通过分层因果关系的方式来理解该事物	注意并分析事物内在的基本关系，注意分析问题中几个部分之间的关系，按重要性排列因果关系，并描述其次序	注意并分析事物多层面间的关系。注意分析问题中若干可能的目标与行动结果。通常要预期可能遇到的障碍，提前对下一步进行思考和准备	做出复杂的计划和分析。用系统的方法将问题分解为几个可以处理的部分。注意分析问题中若干复杂问题简单化，分析各部分之间的因果关系	做出非常复杂的计划和分析。系统地将一个复杂问题分解为若干个部分。运用多种分析方法和技巧，制定多个解决方案并权衡各种方法的优劣
分析判断能力	通过归纳、演绎、推理等分析方法，将事物、概念分门别类、剖析出本质及其内在联系，并做出正确判断的能力	在问题解决的过程中，能利用正确的逻辑推理进行判断	在问题解决过程中，能从不同角度来分析问题，判断通常是正确的	在问题解决过程中，寻找各种问题和因素之间的相互关系，做出的判断通常是正确的	在问题解决过程中，能全面考虑对解决问题有影响的各种因素，做出的判断几乎是正确的
口头表达能力	口头与人沟通能够清楚地表达自己的意图和观点	需要基本的口头表达能力，能与工作往来人员进行语言沟通	口头表达能抓住要点，表达清楚意图，陈述意见不需要重复说明	口头表达思路清晰，易于表达清楚自己的想法	口头表达简明扼要，具有出色的谈话技巧，易于理解
书面表达能力	能够清楚并规范地以文字形式表达自己的意图、观点或领导要求，包括格式、行文规范、语句、文法等	了解各种文件格式，能够负责简单文件的起草	熟悉各种文件格式，基本能表达清楚主要意图并达到领导表达意见和要求	掌握各种文件格式、行文规范，能够比较准确地表达意见和要求	能够熟练运用各种文件格式，表达清晰、简洁，行文规范，文笔优美

KCIs	KCIs 定义	分级描述			
		1 级	2 级	3 级	4 级
自控能力	控制自己的情绪，特别是遇到挫折或压力的时候，依然能够从容面对	当遇到挫折或压力等困境时，可以控制自己的情绪，但是没有采取进一步的具有建设性的行动来缓解挫折与压力	当遇到挫折或压力等困境时，能保持冷静地继续进行讨论或者采取其他方法来处理自己的情绪	能够使用压力管理技巧来控制自己面对压力与挫折时的情绪，避免崩溃，有效排解压力	在压力非常大的情况下，能够控制自己强烈的负面情绪或压力，并采取行动针对产生压力或阻力的问题来源正面处理这些问题
领导能力	为了保障工作顺利完成，根据工作的分配，合理授予下属权力的能力	了解分配工作与权力的方法。能够指导被授权员工进行工作	能够顺利分配工作与权力。有效传授工作知识，帮助被授权员工完成任务	善于分配工作与权力，并能积极传授工作知识，引导被授权员工完成任务，并提前能够防范授权风险	对分配工作与权力做到收放自如，被授权员工可以独立完成工作任务，做好授权风险防范和应对措施，对被授权环节能进行充分而准确的评估
评估下属能力	对下属的能力态度、工作成绩、不足之处等进行合理评价的能力	能够按照公司要求对下属做出基本准确的评估	能较为合理地评价下属的技能和绩效，指出其不足	能合理评价下属的技能和绩效，能够公正地做出评价，使下属心服口服	能够利用绩效管理手段，对下属的业绩状况、能力素质状况进行各观公正的评价，使下属能够明确自己的不足与优势
培养下属能力	采取各种措施，运用各种方法，确保下属（知识、技能、素质等方面）能力在符合公司需要的前提下得到不断成长的能力	正确地评价团队成员长处和需要提高的地方，根据评价结果确定培训需求	能通过言行让下属感觉到器重和赏识	提出的批评或表扬具有针对性和建设性，能够为造学习型的组织和气氛来帮助下属改善工作	能为他人指明职业发展方向，促进能力水平的提升，并能制定为员工的发展提供支持的相关政策

续表

KCIs	KCIs 定义	分级描述			
		1 级	2 级	3 级	4 级
决策能力	制定策策、办法、在适当的时机从多方案中选择并做出最佳方案的能力	能够在上级的指导或协助下，做出相关的决策	能够对下属提出的一般性建议进行决策或能向上级提供一般性的决策建议，能考虑决策所需要的重要因素	能够对下属提出的重要建议进行合理决策或能向上级提供重要决策合理的决策建议，并能对影响决策因素进行全面分析，决策较为准确	能够在复杂的情况下对全局性的工作做出决策，决策准确
目标与计划管理能力	运用各种手段与方法，对工作目标进行分解并制定有效的工作计划，确定目标及目标有效实现的能力	能够编制短期（月度、季度）工作计划与目标，能将工作计划及目标与下属的工作职责相结合，明确任务要求和衡量标准，指导下属工作	能够根据公司的年度计划，独立制定所负责的团队或某一模块的短期（月度、季度）工作计划，能够有效地利用目标与工作计划，进行工作目标与工作计划管理，并能对工作计划中存在的问题进行及时的总结，评价及分析	能够独立制定所管辖领域的年度计划，并能够对目标进行有效分解；能够对目标与计划实施过程中存在的潜在风险制定相应的应对措施	能够组织制定所负责的多个团队或所管辖领域工作目标与计划，能够将多个团队目标进行有效分解；能够深入分析目标实施过程中存在的潜在风险与关键障碍，并能组织建立合理的应对策略
组织协调能力	组织并协调内部和外部各种资源，按照一定的目的，任务和形式加以安排，使各种资源能有系统或构成整体的能力	工作中能够进行基本的人员组织和任务分配，能协调基本的工作关系，完成任务	工作中能顺利地进行人员组织，任务分配和工作关系的协调，顺利完成任务	能够根据成员的特长合理组织人员，分配工作，充分调动组织成员的积极性，圆满完成任务	善于协调工作相关的各方主体、组织跨部门的团队，解决疑难问题，并能够组织和完成公司重大任务

221

续表

KCIs	KCIs定义	分级描述			
		1级	2级	3级	4级
过程监控能力	有效监督与控制工作过程朝着正确的方向进行，确保组织目标及时高效完成的能力	清楚地分配具体的工作项目、任务和职责范围，了解完成该项工作过程中所需监控的关键环节	能够根据个人的技能、角色和兴趣等分配工作任务，预先判断关键环节可能出现的问题；能够根据工作进展情况及时提供必要的咨询和回馈	能够在恰当的时候给予员工或团队辅导，并能够灵活调整员工或团队的工作任务和重点，以应对工作重点的转变	能够从全局上把握工作进展状况，通过多种方式或形式管理体系来监控各方面的工作质量，能够预见并制定出工作重点发生转变时候所应该采取的关键策略，并重新配置和协调各种资源以保证完成工作任务
团队建设能力	协调团队成员的内部关系，调动其积极性，激发其工作热情，增强团队的凝聚力和向心力，确保实现团队目标的能力	能够针对下属存在的问题提出相应的建议，组织领域内的一个方面的团队，协调内部关系，确保工作目标	能够给予下属基本的工作指导，为下属提供相关信息、建议、工具等，通过团队成员能力的提升，组织领域内一个方面的团队完成较复杂的团队工作目标	能够有计划地给予下属工作实践或处理基础理论上的系统指导，或为下属提供额外的"导师"；充分发挥团队优势，运用分级管理授权，使成员能力的不断提升，完成较复杂的团队工作目标	能运用全局性的资源，为下属创造合适的发展空间，并充当下属的职业生涯发展上的"导师"；充分发挥团队优势，运用分级管理授权，使得团队能够高效自主运作，完成全局性工作目标
文化传播能力	理解公司文化，并通过会议、文件、口头交流等方式对公司文化进行宣传，能够用其价值观念要求自己，影响其他人的能力	能够充分理解公司文化，并能够用其价值观念要求自己	能够充分理解公司文化及其内涵，并能够践行以及通过言行积极正面地影响他人	能够把握正确的舆论导向，并能够利用公司各种途径有意识地向他人人员影响施加	做公司文化的提出者、倡导者、践行者，善于通过各种渠道向公司内外传播公司文化

续表

KCIs	KCIs定义	分级描述			
		1级	2级	3级	4级
创新能力	运用新思想、新观念、新方法、新技巧、新发明解决问题，提高效率、增进效益的能力	以开放热情的态度对待各种新思路、新想法，在解决问题时，不固守已有模式，经常找到新点子	能恰当地质疑已存的解决问题模式，能从一个崭新的角度来看待问题	能思考各种解决方案的优点，形成新的解决方案，或提出可行的、可靠的建议	能从多方面征求大家意见，创造性地解决问题，或形成新的观点和建议
任务分解能力	根据工作目标、任务要求及相关预测进行工作任务分解，并合理配置各项资源，预先安排各项活动的能力	能合理安排本职工作，有问题及时反馈	能够合理对指定领域（如：管理、营销、技术、财务等）的任务进行分解	能够有效地对一个或几个领域的工作任务进行分解，预先分配时间及其他资源	能够全面地制定工作计划、预测准确，对任务执行进行深入分析并及时行进行调整
任务实施能力	实施岗位、部门或公司交办的工作任务，有效达到目标的能力	能按时完成上级主管领导交办的各项工作任务	能利用有效的方法和途径，较圆满地按时完成工作任务	经常提前完成工作任务，能主动思考并提出有效提高工作效益的建议	能够充分利用资源，不断创新提高完成工作任务的方法并善于实践总结
督导能力	有效监督与控制工作过程朝着正确的方向进行，确保项目目标及时高效完成该项工作任务成效的能力	清楚地分配具体的工作项目，任务和职责范围，了解完成项工作过程所需监控的关键环节	能根据个人的技能、角色和兴趣等分配工作任务，预先判断关键环节可能出现的问题，能够根据项工作进展情况并及时提供必要的咨询和反馈	能在适当的时候将工作的进给子员工或团队辅导，并能够灵活调整工作任务和进度以应对工作重点的转变	能够从全局上把握工作的进展状况，通过多种管理式或形成各方面的工作质量，能够预见并制定出该采取的关键决策，并重新配置和协调各种资源以保证完成工作任务

续表

KCIs	KCIs定义	分级描述			
		1级	2级	3级	4级
跨部门工作能力	根据跨部门流程，组织并协调内部和外部各种资源，按照一定目的、任务和形式加以安排，顺利实现工作目标的能力	工作中能够进行基本的人员组织和任务分配，能协调基本的工作关系，完成任务	工作中能顺利地进行人员组织和任务分配，任务分配和工作关系调，顺利完成任务	能够根据成员的特长合理组织人员，分配工作，充分调动组织成员的积极性，圆满完成任务	善于协调工作相关的各方关系，组织跨部门的团队，解决疑难问题，并能够组织和完成公司重大任务

（二）常用 KCIa（见表 8-124）

表 8-124　常用 KCIa

KCIa	KCIa定义	分级描述			
		1级	2级	3级	4级
责任心	能够认识到自己应承担的职责和要求，清楚本职工作在组织中的作用和贡献，忠于本职工作，主动、自觉追求组织目标的实现，乐于接受额外的任务和必要的加班	接受任务：对职责范围内的工作任务，不推托，不讨价还价，能及时响应工作安排	落实完成：能够对职责范围内的工作进展情况及时进行核查，在工作中对发现的问题采取必要的行动，以保证工作按要求标准完成	尽职尽责：在工作中，面临需要同时处理的职责内和职责外的任务时，能够主动因职责外的任务对措施，确保不因影响职责内工作任务的按时完成，并能负担作为不解释工作范围内工作的理由	敢于承担，主动负责：能够主动公开地承担工作中的责任，并及时主动地采取补救，预防措施，防止类似的问题再次发生

续表

KCIa	KCIa 定义	分级描述			
		1 级	2 级	3 级	4 级
团队精神	能够自觉地融入团队，与同事合作完成工作任务，善于协调团队寻求解决问题的途径，理解与尊重团队中其他成员的不同工作风格和方式，能主动与团队其他成员进行沟通，为了团队的成功，愿意牺牲自己的利益	信息共享：能够通过信息的共享来为团队决策提供支持，并能够及时与同团队成员交流团队内发生的事情，使团队成员及时了解团队取得的成绩与不足	信任团队：对团队其他成员积极拥抱着积极的态度，能够用积极口吻评价成员，评价他人提出的意见和经验的价值。愿意主动做决定或计划前征求团队成员的意见和建议	鼓励与授权：当他人做出贡献或实现目标时能给予公开的表彰和鼓励，并在工作中通过一定的授权使他人感觉到自己的重要性，从而发挥更大的作用	解决冲突：能够以实际行动倡导良好的团队氛围，鼓舞士气，及时解决或缓解团队中出现的矛盾和冲突，维护及提升团队荣誉
客户导向	站在客户的立场为客户解决问题，提供服务	提供最低程度的必要服务：对客户的问题给予立即倡导"未经准备"的回应，不刻意探究客户的根本需求或问题，了解客户所提出的问题的来龙去脉	承担个人责任：追随客户的需要与咨询，并迅速解决客户所提出的问题，对客户现实的需求表现出责任感	解决潜在需求：充分了解客户的业务范围，以此了解客户现实的与潜在的需要，有针对性地提供与之相应的产品与服务	做客户的伙伴：主动参与客户的决策过程，针对客户的需求提供专业的建议，保证客户取得最佳利益
分享精神	与内部和外部机构加强合作，通过信息的共享促进公司发展	善于寻找或创造机会建立开放的，双向沟通以增强员工的参与和投入	积极筹划与参加旨在提升公司竞争力的各种信息共享活动	积极充当促进公司内部或外部团队之间信息共享交流的联系人	善于通过信息共享，团结公司员工，共同实现公司目标
服务意识	在工作中满足内外顾客需求的意识	根据工作职责提供必要的服务	能够根据工作职责主动提供服务	以内外顾客需求为导向，改善工作流程、方法以提升服务质量	关注内外顾客需求，积极主动协调相关资源，最大化地提供服务、直到满意为止

续表

KCIa	KCIa 定义	分级描述			
		1 级	2 级	3 级	4 级
责任感	基于工作职责完成任务的意识	能够基本按照工作要求和标准来做事	基于工作职责，有较强的自觉性与主动性	能够主动对工作职责进行思考并提出一些改善意见	能够经常性地对自身和相关工作职责进行思考和分析，并提出有效的改善方案
敬业精神	爱岗敬业，遵照工作职责与岗位职责、制度等要求来完成和改善工作的精神	能够遵照工作职责与岗位规范、制度等要求来做事，并能够对工作中存在的问题进行积极地思考	能够积极地完成工作，对任何问题，尚能主动地去界定工作中存在的问题，探求可以改进的空间	能够主动勤奋地完成工作，对任何问题，主动积极去定义问题，探求因果关系，找到真因，并能有效提出改善对策	不浪费劳力，不畏惧劳苦，对交付的工作能抢先或超前完成，并能快速提出改善对策，问题得不到解决，绝不罢休
廉洁	不利用岗位和权力的便捷，损公肥私	能够遵守基本职业道德，不做有损公司利益的事	积极引导员工遵循员工行为准则，不做损公肥私之事	在以身作则的基础上，能够对现有的管理制度进行审视，提出修改建议，防微杜渐	能够坚决与损公肥私的行为作斗争，并不断地思考与创新，创造良好的廉洁奉公的文化氛围
诚信	行使权利和履行义务过程中，对待内外顾客诚实善意的品德	在工作中不弄虚作假	在工作中不弄虚作假，而且能勇于承担责任	在工作中不弄虚作假，以身作则，并用具体行动来影响或带领同事诚信做人、诚信做事	能够坚决抵制并揭露弄虚作假的行为，以身作则，积极主动地创造良好的诚信文化
保密意识	自觉遵守公司保密制度，保守和维护公司商业秘密的意识	熟悉公司保密制度，明确职责范围内的保密事项，并根据制度采取相应的维护措施，但保密意识还需提高	以身作则，自觉、严格遵守公司保密制度，有较强的保密意识，对保密制度能够明确界定的问题能够很好地处理	影响身边的同事，宣传保密制度，必要时提醒同事；发现保密制度的缺陷和漏洞，能及时向有关部门汇报，并提出改善意见	发现他人违反和破坏保密制度时，积极抵制，能够及时向公司有关部门报告，并分情况采取积极措施以最大限度地减少恶性后果，处理得当

续表

KCIa	KCIa定义	分级描述			
		1级	2级	3级	4级
客户导向	全力将努力的焦点放在发掘和满足顾客的需求要上	对客户提出的询问，要抱怨进行跟催，让客户了解计划进展的最新状况，并能与客户在共同的期望上保持清晰的沟通，留意清晰客户的满意度，并且提供亲切愉快的服务	收集有关客户的真正需求，即使远超过原先所表达，也能找出具体其需求的产品或服务，为客户提供价值，为客户着想，让服务做得更完美	以长远的眼光来解决客户的问题。为了维持长久的关系，可能会付出短期而立即的成本作为交换，或采取行动为找长期的利益，或以预见的成果，然后把成果归功给该客户	站在客户与自己组织的立场，以自己组织的长期利益为着眼点，或督促自己和管理阶层解决顾客的相关问题，面对有事实根据的客户抱怨申诉时，站在客户的立场处理
成就导向	把工作做好，或设定更高的标准来挑战自我，追求卓越	持续不断地创新工作的方法，提升绩效	持续不断的追求事业更高的目标，并不断挑战自我	坚持创新努力到底的精神，采取充分的行动来面对挫折险阻，达成创新的目标	追求卓越，追求事业的成功，永不停止
职业动机	运用有效的方法和措施使自己能维持干好工作的愿望	能够为自己设置具有挑战性但又切实可行的目标	在自己的工作中能够追求优秀绩效	在困难面前，意志坚强，始终坚持以完成工作任务为中心的信心	除非目标已经实现，不中断行动，能按计划采取相应的行动
忠诚度	对团队和企业的忠实程度	能保守公司秘密，不做有损团队利益和组织利益的事	坚守职业道德，对团队充分信任，并积极主动维护组织利益	忠实于组织，坚守职业道德，对危害组织利益行为，进行批评与揭发	将个人利益与集团利益完全结合起来，对集团利益充分信任，并积极主动地创造良好的忠诚文化
全局意识	能够站在集团或公司的角度来衡量整体利益的意识	站在部门的立场思考问题，协助部门目标顺利达成	能够站在公司的角度来完成公司对部门的使命要求，能够兼顾公司的整体利益与长期发展需求	能够站在集团的角度来完成集团对公司的战略使命要求，同时能够兼顾集团的整体利益与长期发展需求	能够全面考虑集团的整体发展需求，同时能够兼顾集团的整体利益与长期利益与发展需求

附　录

本书案例来源及技术支持

信睿咨询　　　　　　　南粤商学　　　CPIO协会

　　信睿咨询　深圳市信睿维思德企业管理咨询有限公司（简称信睿咨询）是由国内知名管理专家水藏玺先生、吴平新先生发起，以"持续提升客户经营业绩"为追求目标，始终坚持"以客为尊，以德为先"的经营理念。结合10多年理论研究与企业实践，信睿咨询率先开创性地提出了"SMART-EOS企业经营系统"理论。信睿咨询认为，企业的任何一项经营活动和管理行为都必须以提升企业市值为准绳。同时，在与客户合作模式方面，信睿咨询提出的"与客户结婚"和"咨询零收费"模式开创了国内咨询行业全新的商业模式。

　　南粤商学　深圳南粤商学科技有限公司（简称南粤商学）是由国内知名管理专家水藏玺先生、张少勇先生等为核心发起人，联合近300位优秀企业家及企业高级管理者，以"信睿SMART-EOS企业经营系统"为理论基础，以"拓展管理视野"为使命，传播南粤（广州以南，珠江两岸）优秀企业管理经验，推动中国企业提升管理能力，怀揣"管理报国，利润报企，幸福报民"之理想，旨在帮助中国企业实现管理升级，为早日实现"中国梦"而努力。

　　CPIO协会　深圳首席流程创新官协会（Chief Process Innovation Officer，简称CPIO）是由国内知名管理专家水藏玺先生、张少勇先生、王剑先生等人发起，旨在帮助企业打造一批优秀的 CPIO。

CPIO 的工作职责覆盖首席信息官（Chief Information Officer，CIO）、首席创新官（Chief Innovation Officer，CIO）和首席流程官（Chief Process Officer，CPO）的范畴。优秀的 CPIO 是企业经营系统升级的主要推动者和责任承担者。

目前，首席流程创新官协会（Chief Process Innovation Officer，简称 CPIO）在深圳、苏州、佛山、珠海等地设有分会。

水藏玺已出版作品

序号	书名	出版社	出版年份
1	吹口哨的黄牛：以薪酬留住人才	京华出版社	2003
2	金色降落伞：基于战略的组织设计	中国经济出版社	2004
3	睁开眼睛摸大象：岗位价值评估六步法	中国经济出版社	2004
4	管理咨询 35 种经典工具	中国经济出版社	2005
5	看好自己的文件夹：企业知识管理的精髓	中国经济出版社	2005
6	绩效指标词典	中国经济出版社	2005
7	培训促进成长	中国经济出版社	2005
8	拿多少，业绩说了算	京华出版社	2005
9	成功向左、失败向右：在企业的十字路口如何正确决策	中国经济出版社	2006
10	激励创造双赢：员工满意度管理 8 讲	中国经济出版社	2007
11	人力资源管理最重要的 5 个工具	广东经济出版社	2008
12	人力资源管理体系设计全程辅导	广东经济出版社	2008
13	企业流程优化与再造实例解读	中国经济出版社	2008
14	金牌班组长团队管理	广东经济出版社	2009
15	薪酬的真相	中华工商联出版社	2011
16	流程优化与再造：实践、实务、实例	中国经济出版社	2011
17	管理成熟度评价理论与方法	中国经济出版社	2012
18	流程优化与再造	中国经济出版社	2013
19	定工资的学问	立信会计出版社	2014
20	互联网时代业务流程再造	中国经济出版社	2015
21	管理就是解决问题	中国纺织出版社	2015
22	年度经营计划管理实务	中国经济出版社	2015
23	学管理用管理会管理	中国经济出版社	2016
24	人力资源就该这样做	广东经济出版社	2016
25	人力资源管理体系设计全程辅导（第 2 版）	中国纺织出版社	2016
26	互联网 +：电商采购·库存·物流管理实务	中国纺织出版社	2016
27	年度经营计划制定与管理（第 2 版）	中国经济出版社	2016
28	班组长基础管理培训教程	化学工业出版社	2016
29	互联网 +：中外电商发展路线图	中国纺织出版社	2017
30	年度经营计划制订与管理（第 3 版）	中国经济出版社	2018
31	高绩效工作法	中国纺织出版社	2019
32	不懂解决问题，怎么做管理	中国纺织出版社	2019